ＤＶＤ付

仕事で忙しい人のための剣道トレーニング

齋藤　実著

目次

ＤＶＤについて

本書に付属されているDVD（約60分）には、本の内容と連動するかたちでトレーニングとストレッチングの方法が解説付で収録されています。映像を見ることで、本書で書かれていることがより具体的にイメージでき、トレーニングとストレッチングに取り組めるようにしてあります。

【取り扱い上のご注意】

・ＤＶＤビデオディスクの入った紙袋はていねいに開封し、はさみやカッター等で開封する際は、ＤＶＤビデオディスクを傷つけないようにご注意ください。
・ＤＶＤビデオディスクを再生プレイヤーにセットすると、メインメニューが表示されます。お好きなメニューからお楽しみください。
・ディスクは両面とも指紋、汚れ、キズ等をつけないように取り扱ってください。
・ディスクが汚れたときは、メガネ拭きのような柔らかい布で内周から外周に向かって放射状に軽く拭きとってください。レコード用クリーナー等は使用しないでください。
・ディスクは両面とも鉛筆、ボールペン、油性ペン等で文字を書いたりシール等を貼付したりしないでください。
・ひび割れや変形、または接着剤等で補修したディスクは危険ですので使用しないでください。

収録時間＝60分

ミッション1 社会人剣士のための 日常生活で進化する5つの視点

視点1 普段から正しい姿勢を作る

剣道では姿勢が重要視されています。姿勢については、宮本武蔵の『五輪書』の「水之巻 第二節 兵法の身なりの事」にも記述されていますから、今も昔も変わらず、姿勢は剣道の基本中の基本であることは間違いありません。この姿勢は稽古のときに作られるだけでなく、普段の生活時の姿勢と深く関係しています。「構えの姿勢は自然体」と言われますから、普段の生活の姿勢が悪ければ構えの姿勢も悪くなってしまいます（逆も真なり）。日常生活において正しい姿勢を保つことは、〝瞬時の対応〟や〝スムーズな打突〟といった剣道における技術的メリットにつながる可能性の他、〝捻挫などの外傷〟や〝腰痛や膝関節痛などの障害発生の予防〟といった身体的メリットが考えられます。

では、自分は正しい姿勢をとれているのでしょうか。簡単なチェックをしてみましょう。床に目印をつけ（踏んでもわからないような）、そこに足をそろえて直立し、目を閉じてからその場で50回足踏みしてみましょう。目印から動いた方向や距離によって、重心点の異常や脚のアンバランス、頭部の傾きなどの姿勢の異常がチェックできます。

足踏みをした後に、その場から移動していなければ姿勢の異常はないといえるでしょう。前に進んでしまった場合は、前傾姿勢ぎみと判断できます。これは、頭部が前に倒れている、あるいは猫背などで重心が前にある状態です。逆に後ろ側に進んでしまった場合は、重心が踵の方向に偏っていると判断できます。この場合は、膝が折れてお尻が沈んだ状態になっているかもしれません。左に移動していたら、左脚に重心がかかっている状態、右に移動していたら、右脚に重心がかかっている状態です。いつも決まった肩で防具やバックを担ぐ、以前に足関節や膝関節のどちらかの怪我をした、普段一方の脚を上にして脚を組む癖があるといった場合など、生活の習慣や癖が体の左右のバランスを崩してしまうことがあります。

もう一つ、姿勢のチェックをしてみます。壁を背中にして踵を壁につけて立ちます。踵、仙骨（骨盤の上部）、肩甲骨、後頭部の４点が無理なく接しているのが〝姿勢の基本ポジション〟です（写真）。４点が接しない、あるいはいつもと違う姿勢をしないと接することができない、無理をしている感覚がある、といった場合は、姿勢が崩れている可能性があります。姿勢が悪い場合の多くは後頭部が接しないことが多いのですが、それにも二通りの姿勢が考えられます。一つは高齢者に多く見られる〝ヘソが上を向く〟姿勢で、腰の湾曲が小さくなっています（写真）。もう一つはいわゆる〝猫背〟で、こちらは背中の湾曲が強くなりお尻が突き出るような姿勢になります（写真）。脊柱は通常緩やかなＳ字になって上体を支えています。しかし、二例の姿勢ともに脊柱や椎間板の負担が大きく、上体を支える力が弱くなり、椎間板ヘルニアなどの脊柱に関する障害や外傷の危険性が高くなることがわかっています。

　皆さんの姿勢はいかがだったでしょうか。剣道の姿勢は自然体ですから、普段の生活での姿勢が剣道に映し出されます。普段の姿勢が悪ければ、恐らく剣道の構えの姿勢も悪くなってしまうでしょう。日常生活で剣道を進化させるためには、まずは生活での体の姿勢を意識するのが第一歩です。

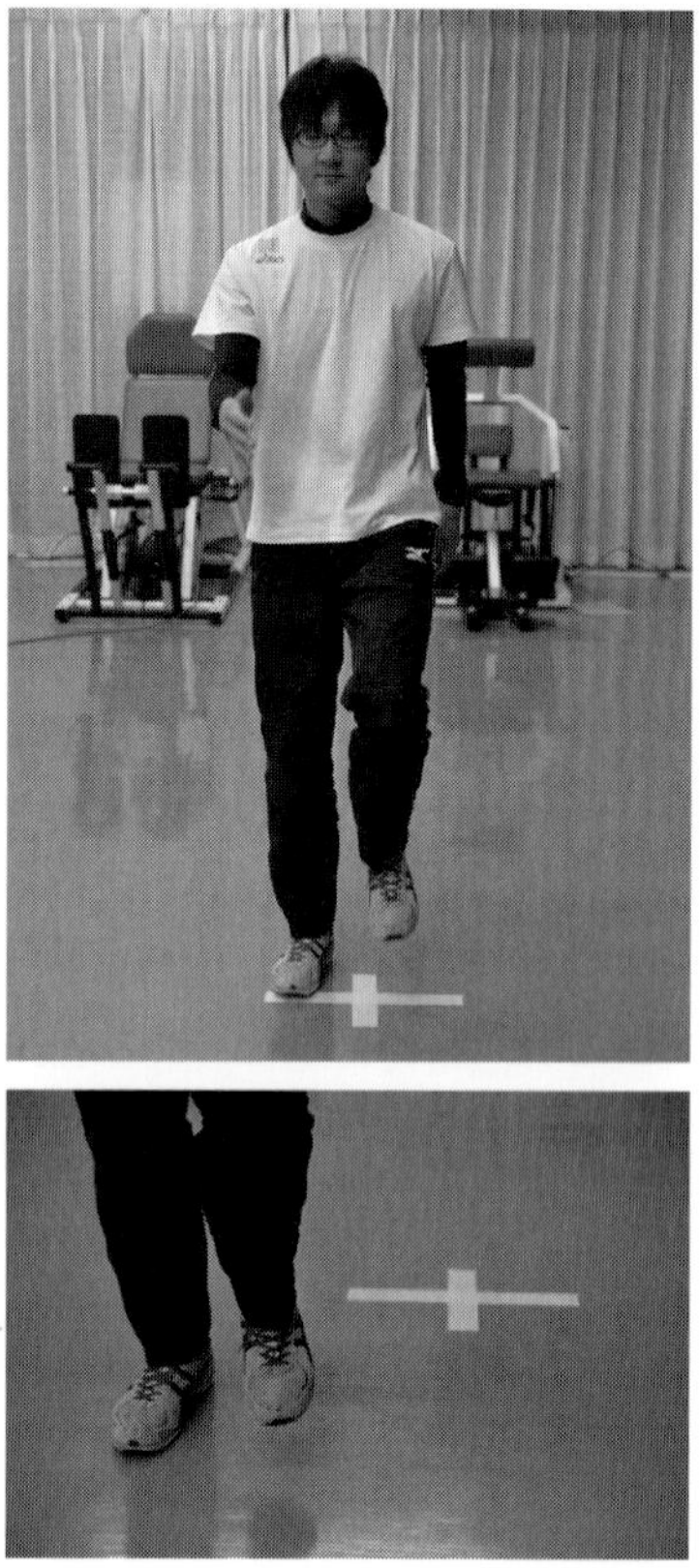

床に目印をつけ、目を閉じて50回足踏みをする。目印から動いた方向や距離で姿勢の異常がチェックできる

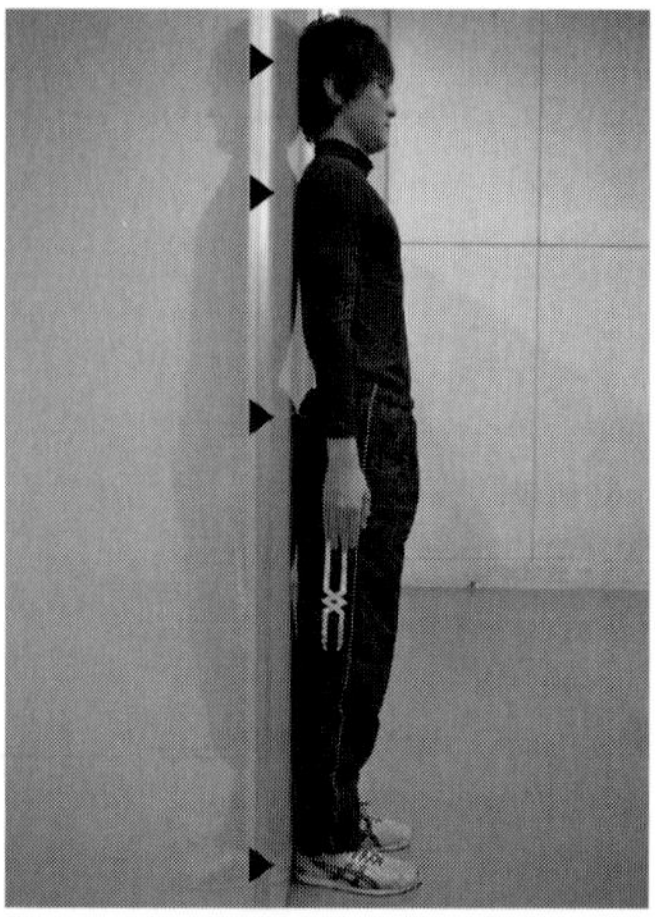

壁を背中にして踵を壁につけて立つ。踵、仙骨、肩甲骨、後頭部の４点が無理なく接していることが姿勢の基本ポジション

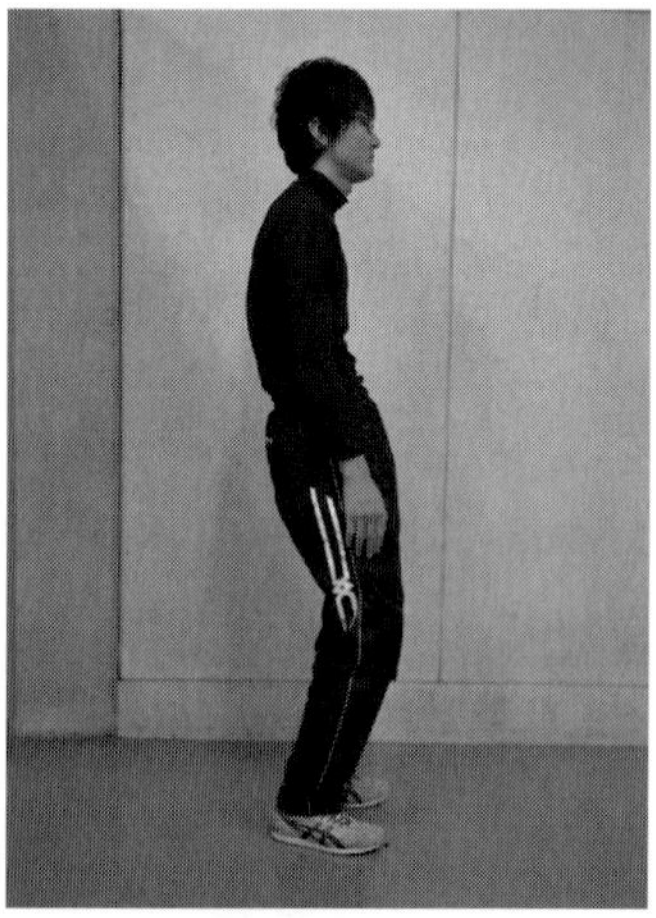

ヘソが上を向いている

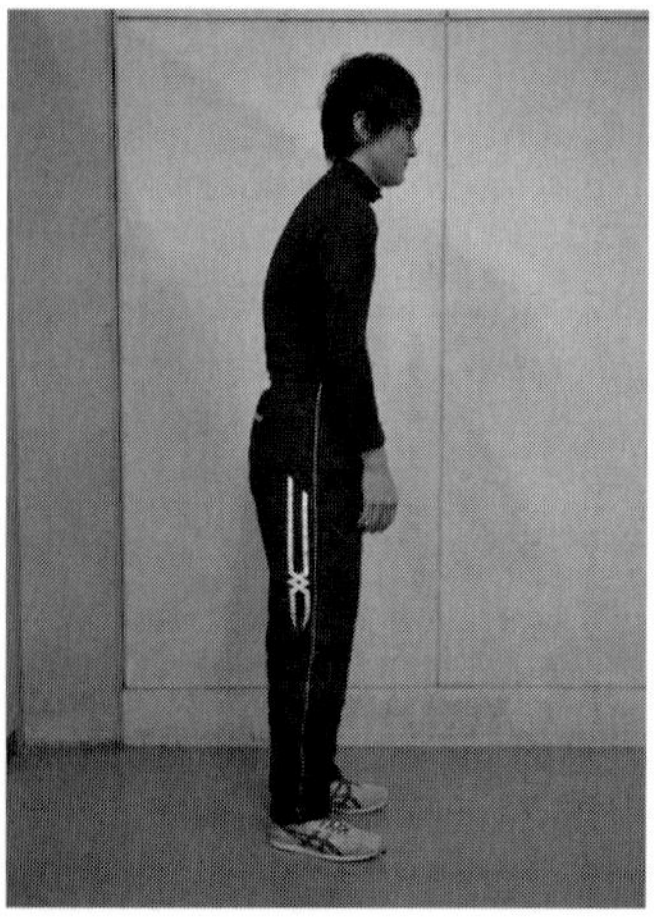

猫背

視点2

本番直結のメンタルリハーサル

メンタルとは〝心〟や〝精神面〟を、リハーサルは〝予行練習〟、〝下稽古〟を意味します。つまりメンタルリハーサルとは、「実際の実践場面を想像し、頭の中でイメージを視覚化すること（それを繰り返し実施すること）」を言います。イメージを映し出す頭の中の絵は「メンタルスクリーン」と呼ばれ、メンタルリハーサルを成功させるためには、このスクリーンにどれだけ鮮明かつ詳細にイメージできるかが鍵となります。メンタルリハーサルがうまくできた場合、自律神経が刺激され、心拍数の増加や体温の上昇、発汗などの生理現象も起こってきます。メンタルリハーサルを実施した後にバスケットボールのシュートの精度が向上した、サッカーのドリブルテストの成績が向上したなど、リハーサルの効果についてはさまざまな競技で実証されています。

メンタルリハーサルはけっして難しいことではありませんし、仕事の休憩や電車での通勤時間など、時と場所を選びません。どんな方法であっても一定の効果が得られるでしょう。更にその効果を高めるには4つのコツがあります。

一、多角的に自分を見た映像をつくる

次の事例をメンタルスクリーンに映し出して見て下さい。

「中段の構えの相手との稽古。相手は自分よりも身長が高い。前に出ながら相手の竹刀を表から押さえたところ、相手が一歩引いた。相手は引いた後に面を打とうと手元をあげた。その瞬間の小手を捉えた」

想像した映像はどのようなものだったでしょうか。面金越しに相手を見た映像（実際に自分の目で見ることができる風景）だったでしょうか。それとも自分と相手を審判の位置から見ているでしょうか。もしかしたら相手の目線で自分をみた、という場合もあるかもしれません。メンタルリハーサルでは、さまざまな角度からシーンを作り出すことができます。いつもの目線だけでなく、相手の目や審判の目、天井からの鳥瞰、自分の背後などでシーンを作り出すことができれば、これまで稽古の中では気づかなかったところに気づくことができるかもしれません。

また、〝部分〟に注目することも一つの方法です。先ほどの小手の事例を足さばきに注目してスクリーンに映し出してみて下さい。足の運び方がはっきりとみえてくるはずです。次は手の内から竹刀に注目してシーンを作り出してみましょう。このように部分に着目することでより詳細にリハーサルをすることができます。

二、五感を使って稽古前後もイメージ

メンタルリハーサルを実際の稽古に繋げるためには、稽古時だけでなくその前後の行動や稽古の環境まで想像すると効果的です。道場に響く竹刀の音、空気のにおいや空気感（緊迫感）、竹刀を握った触覚。すなわち五感を使いながら稽古前後をイメージできればより実際の稽古に近づきます。オリンピックに出場するような選手は表彰式で表彰を受けているところ、インタビューを受けているところまでをリハーサルすることがあるようです。

三、動きを伴ったリハーサル

ある種目のオリンピックメダリストの練習を見る機会がありました。その選手は練習途中の休憩で、手のひらを自分の全身に見立て、実際の動きを手のひらで再現しながらリハーサルをくり返し行なっていました。剣道においては、剣道談義をする中で、しばしば人差し指を竹刀に見立てながら表現することがあります。

メンタルスクリーンに映し出すとは異なりますが、これも実際のシーンを正確にイメージする方法としては有効です。もし竹刀を握る時間があれば竹刀を握りながら、足さばきをするスペースがあるのであれば、足を使ってリハーサルをするとより効果は高まります。

四、失敗のリハーサルをしない

リハーサルを行なえば実際の場面でそれが再現しやすくなります。逆に言えば、失敗のリハーサルをすれば失敗に結びついてしまいます。失敗する可能性に対して、準備をしておくこと（リスクマネージメント）は大事ですが、リハーサルでは失敗は想像しないようにします。自分よりも上位者と対戦することをリハーサルすると成功のイメージはしづらいかもしれませんが、そこでも成功のシーンをリハーサルすることができるようになれば、実際の場面も成功につながっていきます。

メンタルリハーサルを成功させるためには、メンタルスクリーンにどれだけ鮮明かつ詳細にイメージできるかが鍵となる

視点3
映像、ビデオを積極的に活用する

最近は手軽に剣道の映像を入手できるようになりました。全日本剣道連盟では各主催大会のＤＶＤを販売していますし、同ホームページでは、「ソーシャルメディアリンク集」の中でYouTube（©2011 YouTube, LLC）やUSTREAM（©2010 Ustream,

Inc.）を活用して、全日本剣道選手権大会や全日本選抜八段剣道優勝大会の映像を公開しています。また、月刊『剣道時代』でも各種大会のＤＶＤを解説とともに付録として付けています。一昔前と違うのは、これらの映像は家庭用のＤＶＤプレーヤーでみるだけでなく、パソコンやスマートフォンといった携帯端末で持ち歩くことができるようになったことです。通勤時間や仕事の休憩時間でも手軽に見ることができるようになりました。剣道の日本代表チームもいち早くこの手法を取り入れ、第14回、15回の世界大会では携帯端末を選手全員に配布し、対戦相手の映像をいつでも見ることができるようにしたことは有名な話です。

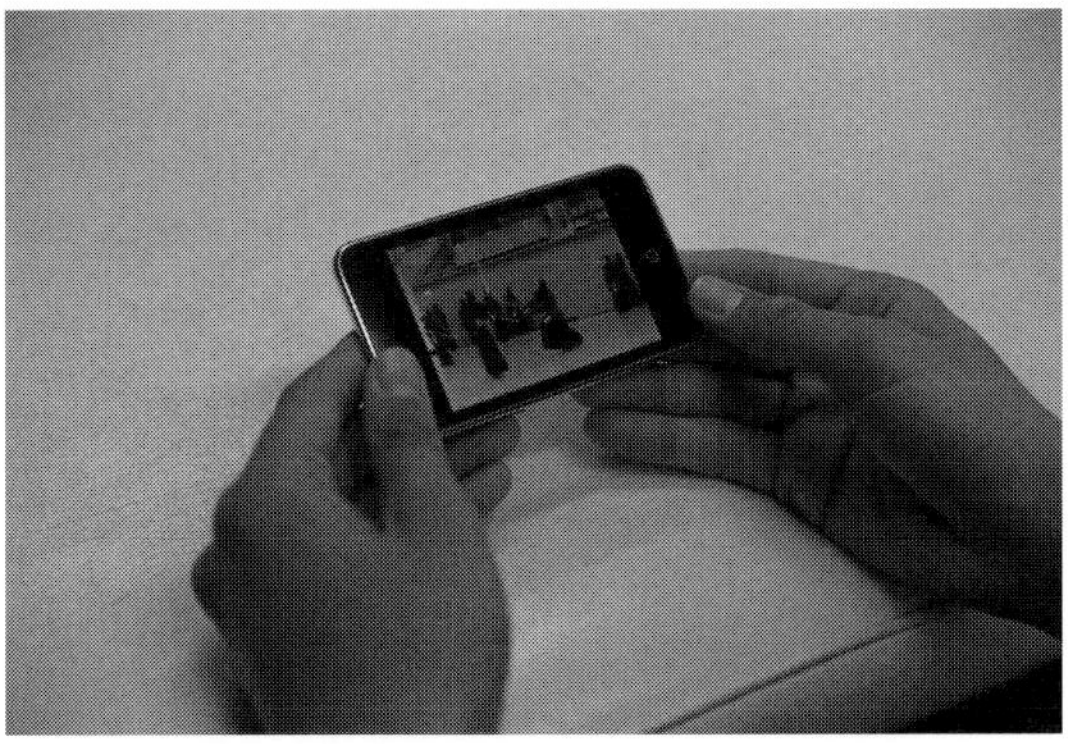
携帯端末で映像も手軽に持ち歩けるようになった

さて、映像では目標とする先生や選手の映像をみることは重要ですが、できれば自分の映像をみることが大切です。デジタルカメラの動画機能で十分ですから、自分の稽古を撮影してじっくりと観察してみて下さい。コツとしては、自分の悪いところを見つけるばかりではなく、良いところを見つけることです。悪いところばかりを見ていると、自分に自信がなくなってしまうことがあります。悪いところを見つけて修正することと合わせて、良いところを伸ばすという視点で映像を観察すると良いでしょう。

視点4
1日1回は心拍数を上げる

稽古はできなくても、体力の維持をしておきたいところです。身体面の体力は大きくわけて「筋力」と「持久力」、バランスや敏捷性などの「調整体力」の3つがありますが、最も衰えがちなのは「持久力」です。持久力が衰えがちなのはなぜか？　それは、体力の中で「持久力」が日常生活において最も使うことが少ないからです。持久力が優れていることは、単に稽古時にパフォーマンスが長く維持できるだけでなく、質の高い稽古が多くできる、疲労が回復しやすい、疲労が残らないなどの効果が期待できます。持久力は、心肺機能や循環機能を中心とした能力で、筋力と同様に普段から使っていなければ衰えて行きます。筋は日常生活で使うことは多いのですが、持久力は一般の仕事をしている限りはなかなか使うチャンスはありません。持久力を維持するためには、日常生活の中で意識的に心拍数をあげるような、あるいは息があがるような場面を作り出す必要があります。

日常生活の中で持久力を使うためには、通勤ではバスでなく自転車を活用する、電車を利用する場合はひと駅前で降りて歩く、エレベーターやエスカレータを使わず、階段を利用するなど、様々な方法があります。しかし持久力は目に見えるものではないために、取り組みが続かないことも多いようです。そのような方には、「万歩計」の活用をおすすめします。最近の万歩計は、三次元の加速度センサーを内蔵しており、エネルギー消費量や運動量を高い精度で測定することが可能になりました。また、パソコンを利用してデータを管理・分析するソフトウェアが付属している機種が多くなり、毎日の記録を時系列にて見ることができるようになりました（写真）。このような機器の活用も、持久力の維持のモチベーションにつながりますので、パソコンをお持ちの方は活用してみてはいかがでしょうか。

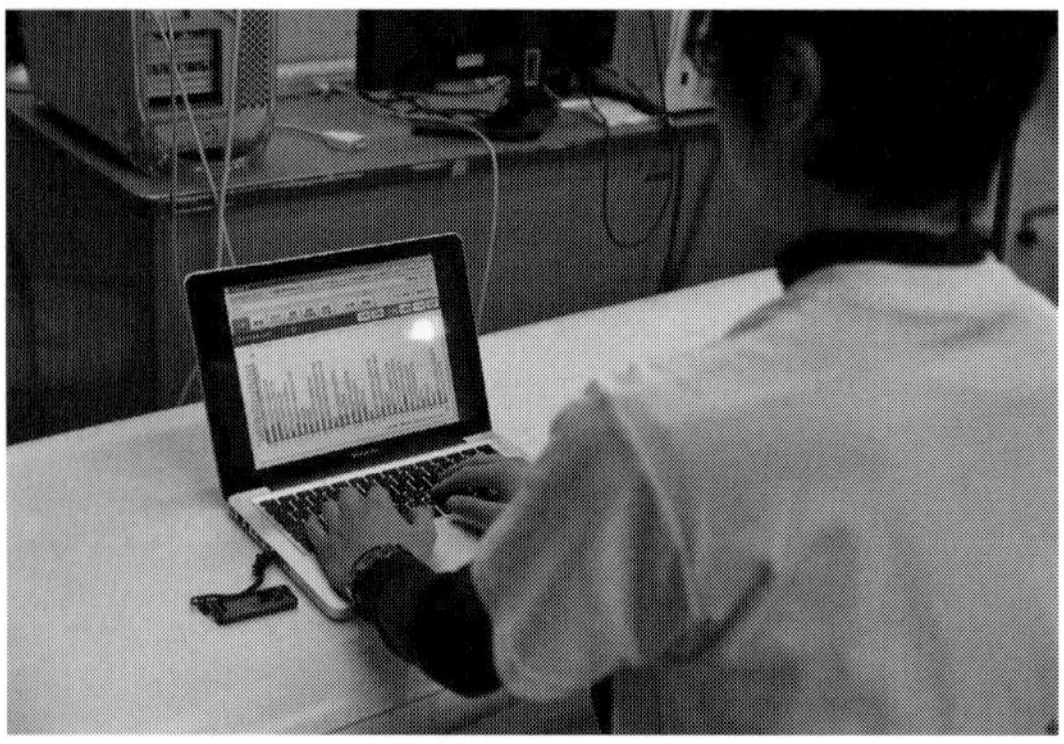
歩いた距離などを管理・分析するソフトを利用するのも効果的

視点5 使用頻度が高い剣道筋を準備する

最後は剣道筋の準備です。剣道は全身の筋を使いますが、特に使用頻度が高い、あるいは怪我をしやすい筋は日常からの準備が必要です。自宅で手軽にできるストレッチングとトレーニングを紹介しますので、取り組んでみてはいかがでしょうか。

柔軟性の獲得（ストレッチング）と姿勢づくりのための簡単トレーニングを紹介します。ストレッチングは20秒から30秒を2セットから3セット、簡単トレーニングは5回から10回3セットを目安に行なってください。

ストレッチング

仰向けになり、片方の膝にもう一方の脚の足関節付近を引っ掛けるようにて両手で抱え込みます。

うつ伏せの姿勢で、一方の脚の膝を曲げ、膝を胸の中央の位置に持ってきます。その膝に上体を乗せるようにしながら、もう一方の脚を後ろに伸ばします。曲げた膝側の尻の筋がストレッチされます。

四つん這いになります。犬の背伸びのように、背中の中央部を下のほうに引き下げます。また、左右の肩甲骨の間も窪ませるようにします。続いて猫の背伸びのように、背中の中央を高く上に上げます。体幹の柔軟性が向上し、腰背部障害の予防などの効果があります。

前後：前へならえのポーズで手を前に出した状態から、手のひらを下に向けながら肘を後ろに下げます。肩甲骨を前後に動かすことを意識し、可動域の最大まで肘を降ろすようにします。ゆっくりと数回繰り返して下さい。

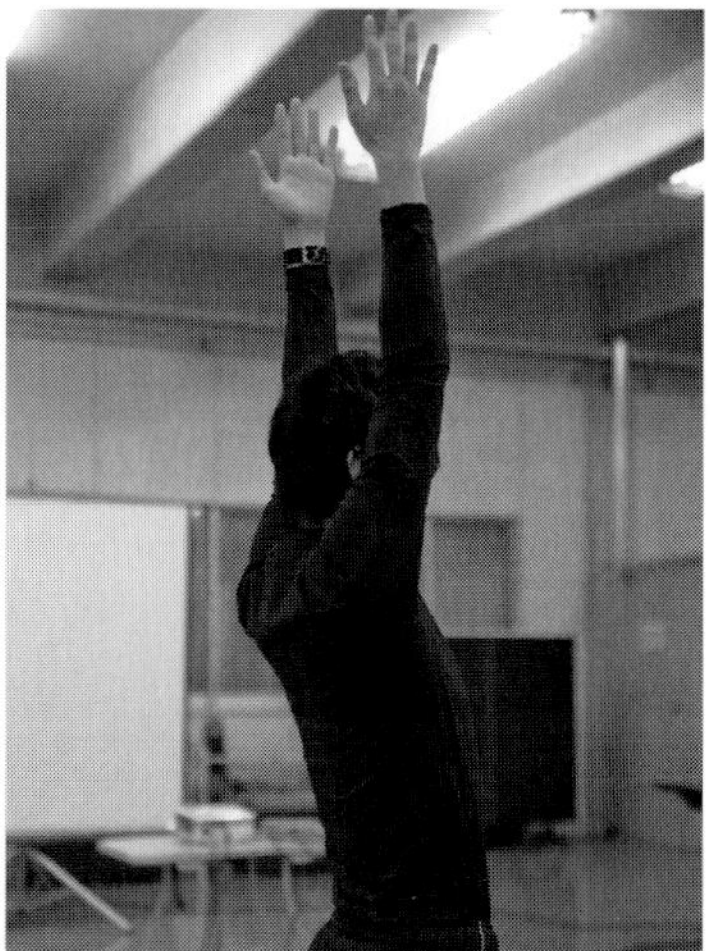

上下：手のひらが向かい合うようにしてまっすぐ上に伸ばします。手のひらを外側に向けるようにしながら、肘を斜め後方に降ろしていきます。肩甲骨を上下に動かすことを意識し、可動域の最大まで肘を降ろすようにします。ゆっくりと数回繰り返して下さい。

簡単トレーニング

手を頭部の後ろで組み、目線は正面を向きます。椅子に腰掛けるようなイメージで、ゆっくり体を下げていきます。5秒間で下げ、5秒間で上げるようなイメージで、ゆっくりと行ないます。

仰向けになり両膝を曲げ、両腕で体を支えながら体をまっすぐに持ち上げます。数回繰り返した後、片足で同様に体を持ち上げます。数回繰り返した後、剣道姿勢を作ります。片方の脚の股関節と膝を90度に曲げ、両手で膝を押さえます。押さえながらもう一方の脚の踵で尻をあげて体を弓状に反らし、踵と肩甲骨付近で上体を支えます。10秒程度その姿勢を維持します。3種目を順番で実施して下さい。

腕立て伏せの姿勢をとり、足踏みをするように手を交互に持ち上げます。強度が強い場合は、両膝をついても構いません。

仰向けになり膝を曲げた状態で、ゆっくりと状態を上げ下げします。

ミッション2 剣道ジョギングで筋力アップと持久力アップ

悲しい現実 加齢で筋力は衰えていく

中高年になって剣道を続けることができなくなる理由には、様々なことが考えられます。その筆頭に上げられるのが怪我でしょう。特に膝や股関節、足関節、肘といった関節の痛みは、稽古ができなくなる原因として耳にすることが多いように感じます。

剣道の怪我を調査すると、20歳代くらいまでは捻挫や打撲などの外傷が多く、また連続して激しい稽古をすることによるオーバーユース（使い過ぎ）の障害も多数見られます。一方、30歳を超え中高年になっていくと、過去の怪我の後遺症が痛みとなって出てきたり、長年の稽古による蓄積から関節が変形してしまったことによる痛みなどが増えてきます。これらのような稽古を続けられなくなってしまう要因を排除すること、また、年齢とともに磨かれた技術や洞察力を活かすための基礎となる体力を維持することは、稽古を続ける上で、また稽古の質を高めるために必要なことだと思います。

残念ながら、筋肉量は加齢とともに低下することがわかっています。具体的には筋肉を構成する筋繊維数の減少と筋繊維の萎縮が、筋肉量全体の低下を引き起こしています。一般的に20歳前後には筋肉は体重の約40％に達しますが、40歳ころから年に0・5％ずつ低下し、65歳以降にはその減少率が増加することがわかっています。

一方、筋力の変化は筋肉量とは同時ではなく、50歳のころから10年間に15％ずつ低下していくことがわかっています。つまり、40歳のころから「筋肉が落ちてきたな…」と感じるようになり、50歳のころからは「力負けするようになってきたな…」と思うようになる、ということになります。

図は一般人の加齢に伴う筋肉量（筋肉の断面積）の低下率を示しています。40歳代から腕や脚、体幹の筋断面積が低下していくことがわかります。そのなかで特に大きく低下しているのが太もも前側（大腿部前面）です。この部分の筋肉は、膝を伸ばす時に強く働いています。剣道に当てはめると、右足では踏み込みの力を支え、そこから体を起こしていくときに使われています。左足では打突の際の蹴り出し動作の際に強く働きます。ですから、この筋肉が衰えるとなると、剣道の打ち込み動作の始めと終わりの両方の場面でのパフォーマンスが低下することになります。また、太ももの前側の筋肉は膝の安定性にも関わっています。膝関節が打突時に不安定になっていると、膝がその力を吸収することができず、関節に負担がかかり怪我を誘発してしまいます。膝が不安定になると、その上位にある関節である股関節にも正常ではない負荷が加わることにも繋がっていきます。剣道家において膝や股関節に痛みを抱えている方が多いのには、太ももの前側の筋力の低下が関係している可能性があるでしょう。

加齢に伴う筋断面積の変化　安倍、福永（1995）

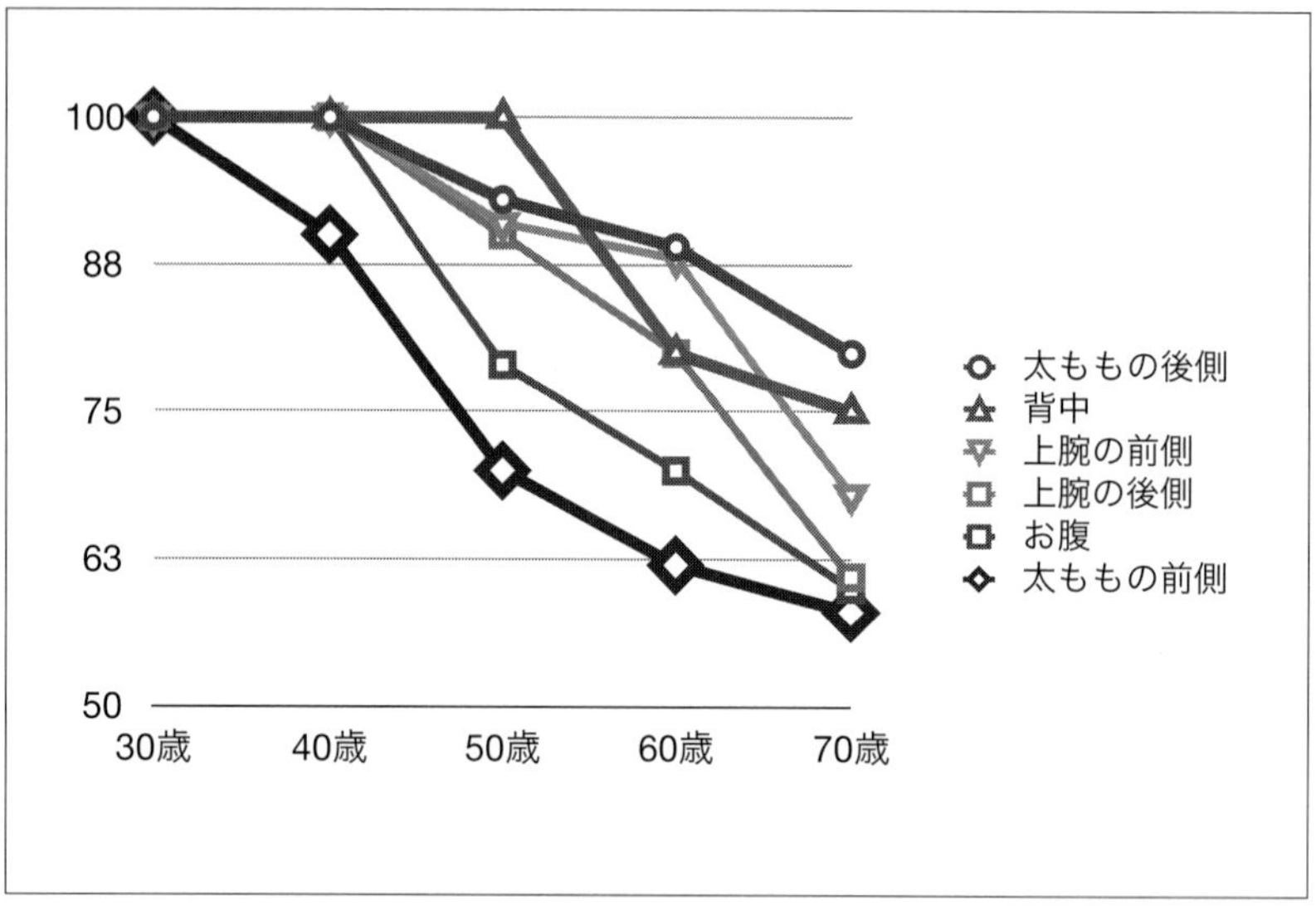

市民剣士に勧めたいジョギング下半身トレーニング

それでは、中高年の市民剣士が仕事の合間などに行なうトレーニングのおすすめは何でしょうか。ありきたりではありますが、ここではジョギングをおすすめしたいと思います。ジョギングは有酸素トレーニングと思われるかもしれませんが、筋力を向上させるトレーニングとしても位置づけることができます。

簡単な実験をしてみました。測定面に加わる力を連続して記録することのできるフォースプレートを用意し、膝周囲のトレーニングとして良く行われる「レッグランジ」と「平地を想定したジョギング」、「上り坂を想定したジョギング」、「下り坂を想定したジョギング」、「剣道の踏み込み動作」の時の垂直方向の力を計測しました。被検者は体重68キログラムの陸上を専門種目にしている大学生です。

まずはレッグランジですが、右足に50キログラムから60キログラムほどの力が2秒間ほど発揮されました。床から右足が離れる時が最大値となり、75キログラム程度の力が発揮されました。続いて「平地を想定したジョギング」では、力が発揮されている時

動作の違いによる右足に加わる力の差

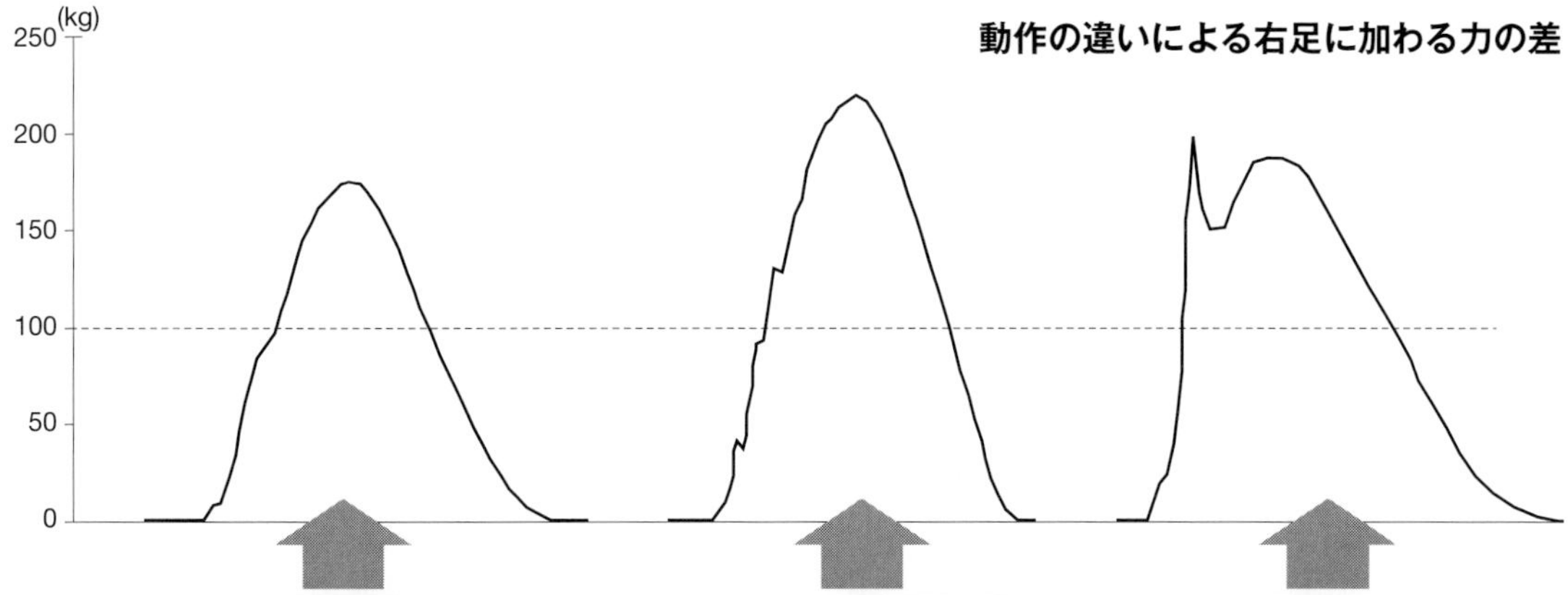

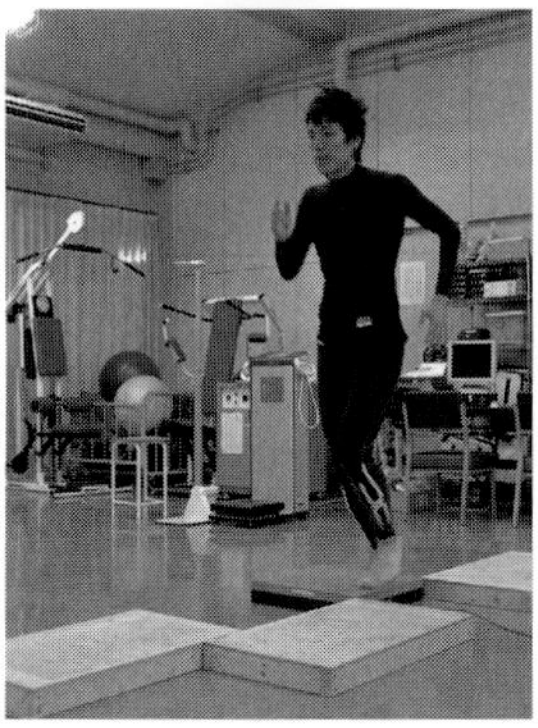

平地を想定したジョギング

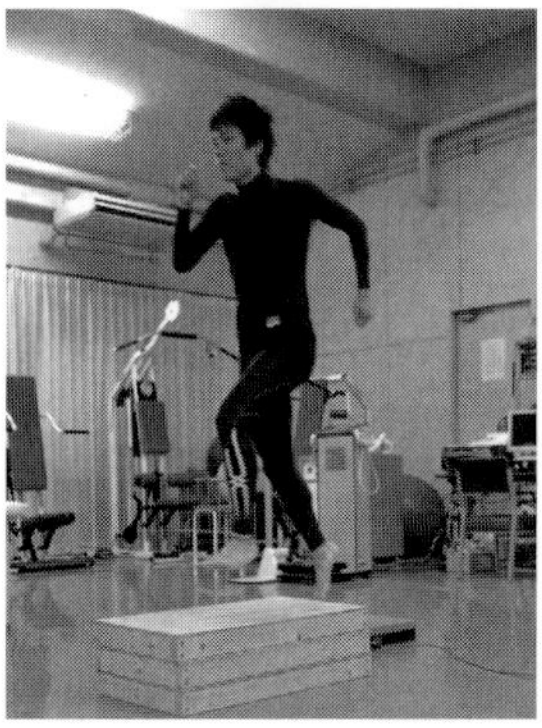

上り坂を想定したジョギング

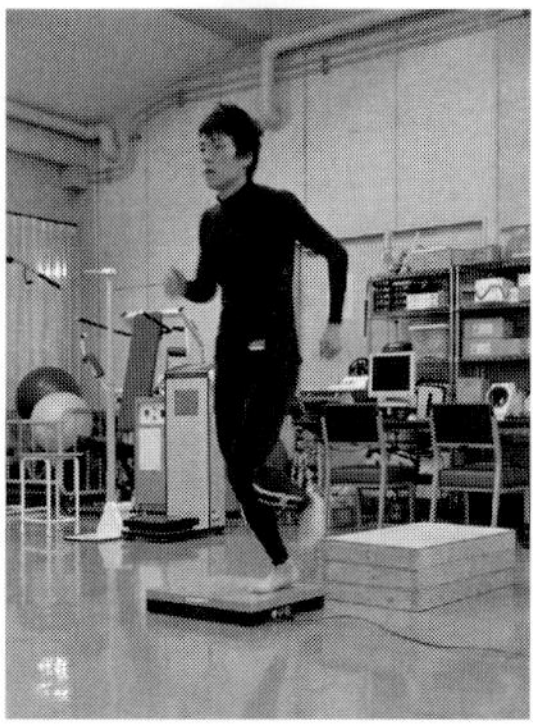

下り坂を想定したジョギング

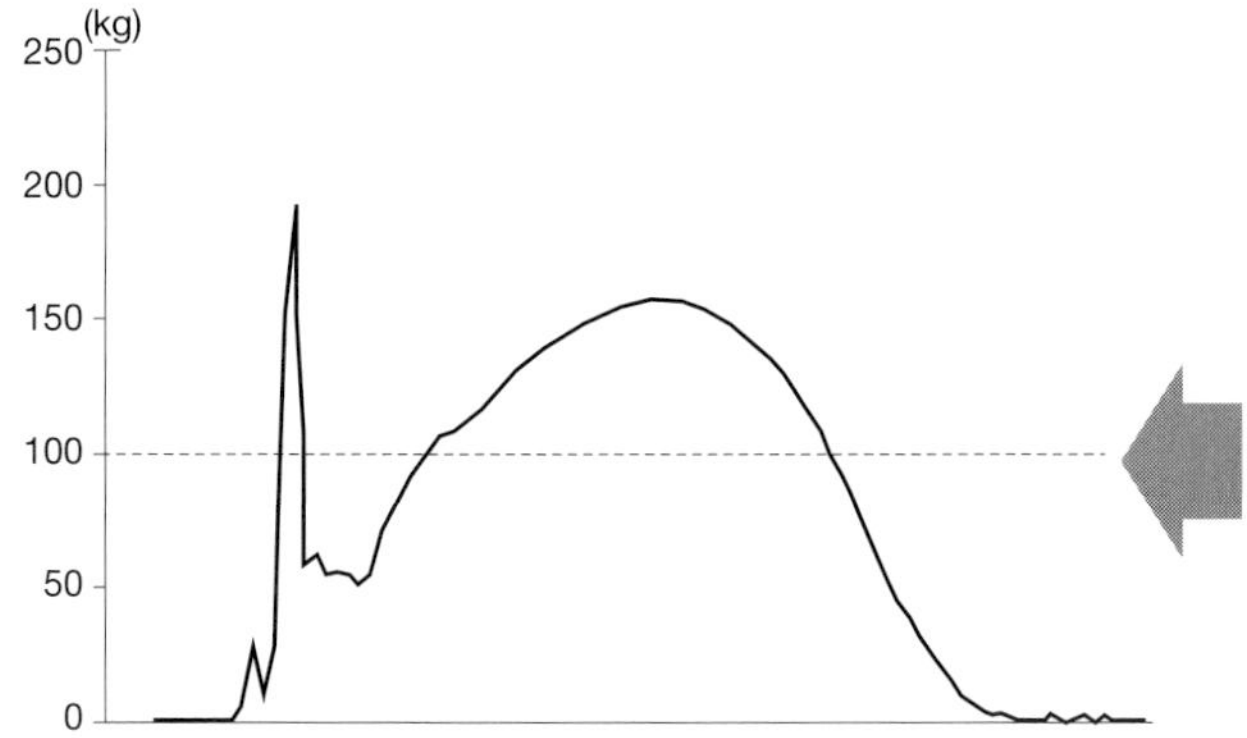

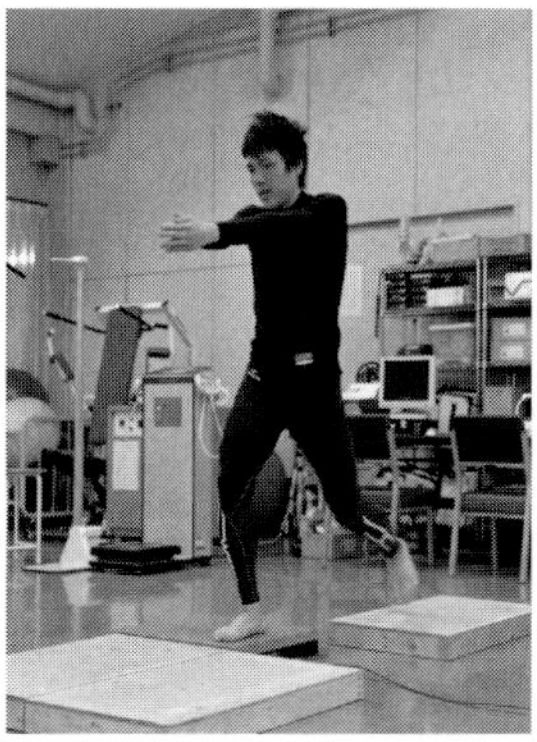

踏み込み動作

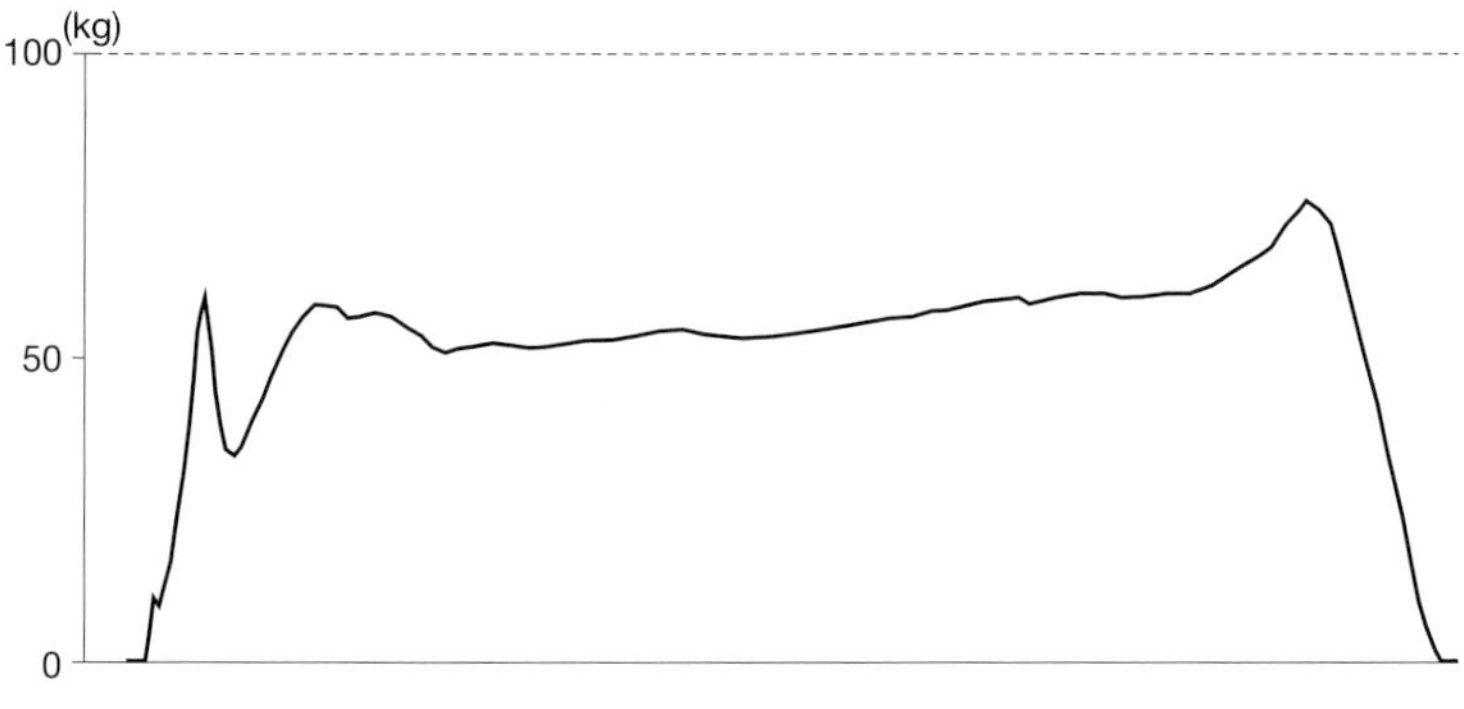

間は0・3秒程度だったものの、最大値は175キログラムとなり、レッグランジよりも2倍以上の力が発揮されました。「上り坂を想定したジョギング」では、平地よりも更に大きくなり最大値は200キログラムを超えました。「下り坂を想定したジョギング」では、力の発揮のピークは二峰性になりました。足を着いた瞬間に最初のピークがあり、その最大値は約200キログラムになりました。次のピークの最大値も185キログラムほどになり、平地よりも高い力が発揮されていました。

面白かったのは剣道の踏み込み動作の力の発揮の形です。ジョギングよりも力の発揮時間は長くなっていたものの、その力の発揮の形は二峰性となっていて「下り坂を想定したジョギング」と似たような形になっていました。

今回の実験では、機械の都合上強い踏み込みを避けていたため、踏み込み時の最大値は小さめでした。文献では踏み込みの垂直方向への力は600キログラムを超えることが報告されています。

3キロ走れば3千回のトレーニングになる

実は、トレーニングの形式によって鍛えられる運動能力には違いがあることがわかっています。長い時間をかけて力を発揮するようなトレーニングを行なえば、長い時間をかけて力を発揮する場面で、短い時間をかけて力を発揮するトレーニングであれば、短い時間に力を発揮することができるようになることがわかっています。

ジョギングの際の力の発揮の時間が剣道の踏み込み動作に似ており、特に下り坂の二峰性は踏み込みの時の形に近いことから考えると、ジョギングは剣道のための脚のトレーニングとして有効であることがわかります。それも平地を走るよりもアップダウンのあるような坂を利用すれば、力の発揮も大きくなり、より剣道の踏み込み動作に近い効果が得られることが期待できます。歩幅を100センチとして3キロメートルジョギングすれば3000歩。片足だけで1500回の筋力トレーニングです。

特にジョギングは器具を必要とせず、天気さえ良ければ場所を問うこともありません。最新のトレーニング方法も良いのですが、ジョギングが剣道の下半身のトレーニングの最も基礎的で効果的な手段であることは間違いありません。

ジョギングには注意点があります。剣道家の場合は、右半身で構え、右半身左半身で運動形態が異なっています。そのため、多くの剣道家には体の各所に左右差があるようです。

いわゆる体育座りをして、お尻の両面が床に着いている状態で一方の膝を内側に倒してみて下さい。膝が床に着かないような場合、左右差があるような場合は、股関節を外旋させる筋肉（梨状筋など）が硬いことになります。剣道家の場合、右股関節が硬いことが多いようです。

今度はうつ伏せになってみて下さい。手を広げた状態で体を捻りながら脚を持ち上げ、反対方向の床に足先を持っていきます。肩を上げずに床に足先がつけば合格、つかないようであれば、股関節の前面の筋肉（大腿四頭筋、腸腰筋など）が硬いことになります。剣道家の場合、これも右股関節が硬い傾向があるようです。

これらのような左右差は、膝関節のアライメント（骨・関節の配列）に影響を与えることがあります。写真は膝が内側に入るニーイン、外側に出てしまうニーアウトです。このようなアライメント異常は、膝関節内の一方に過剰な負荷が加わってしまい、関節痛の原因となってしまいます。自分の膝にはどのような傾向があるのか、鏡などで確認してみて下さい。

ジョギングに話を戻します。剣道のトレーニングとしてジョギングをする際に注意することは、膝関節がニーイン、ニーアウトの状態にならないように気をつけながら走ることです。データで示されているように、ジョギングでは瞬間的ですが脚に大きな力が加わります。アライメントがおかしい状態で走っていると膝痛や股関節痛の原因になってしまいます。また、股関節の柔軟性の欠如や左右差もアライメントに影響を及ぼす可能性がありますので、日頃から股関節周囲のストレッチングを行い、柔軟性を高め左右差を克服することも重要でしょう。ジョギングの安全で効果を高めるための股関節周囲（前面、側面）のトレーニングとストレッチングを紹介させていただきます。

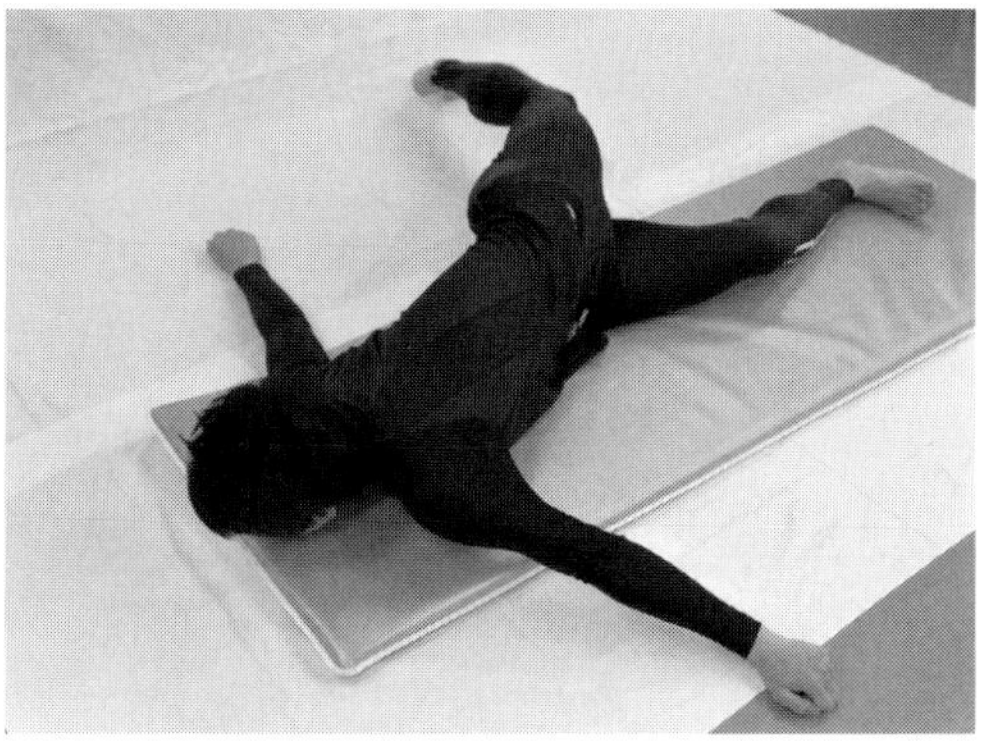
うつぶせになり、手を広げた状態で体をひねりながら脚を持ち上げ、反対方向の床に足先を持っていく。肩を上げずに床に足先がつけば合格。

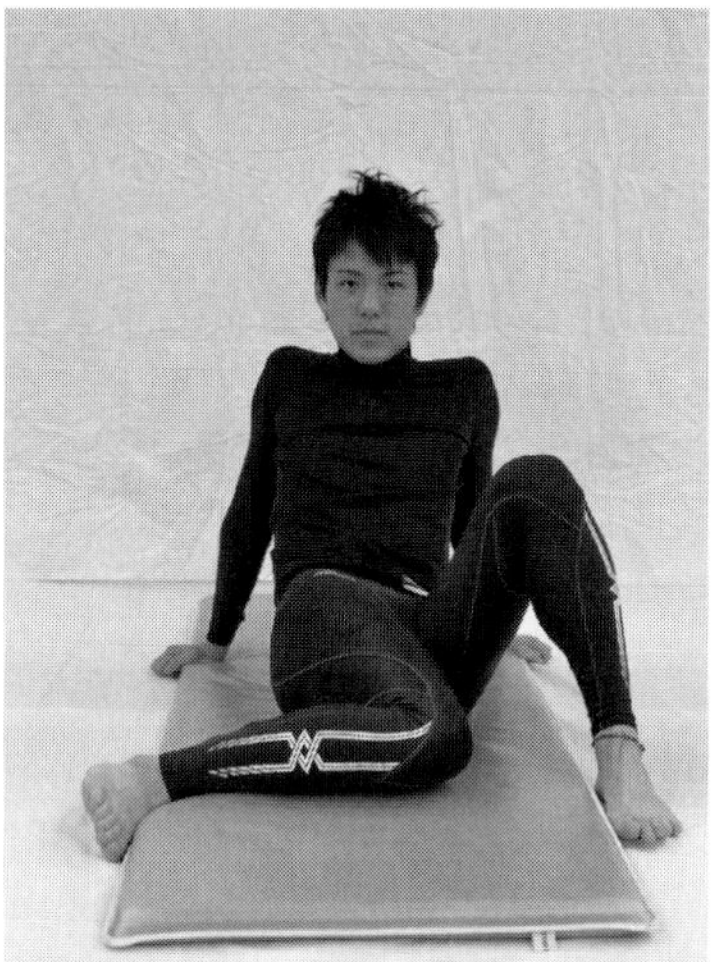
体育座りをして、お尻の両面が床に着いている状態で一方の膝を内側に倒す。膝が床に着かない場合、左右差がある場合は股関節を外旋させる筋肉が硬いことが多い。

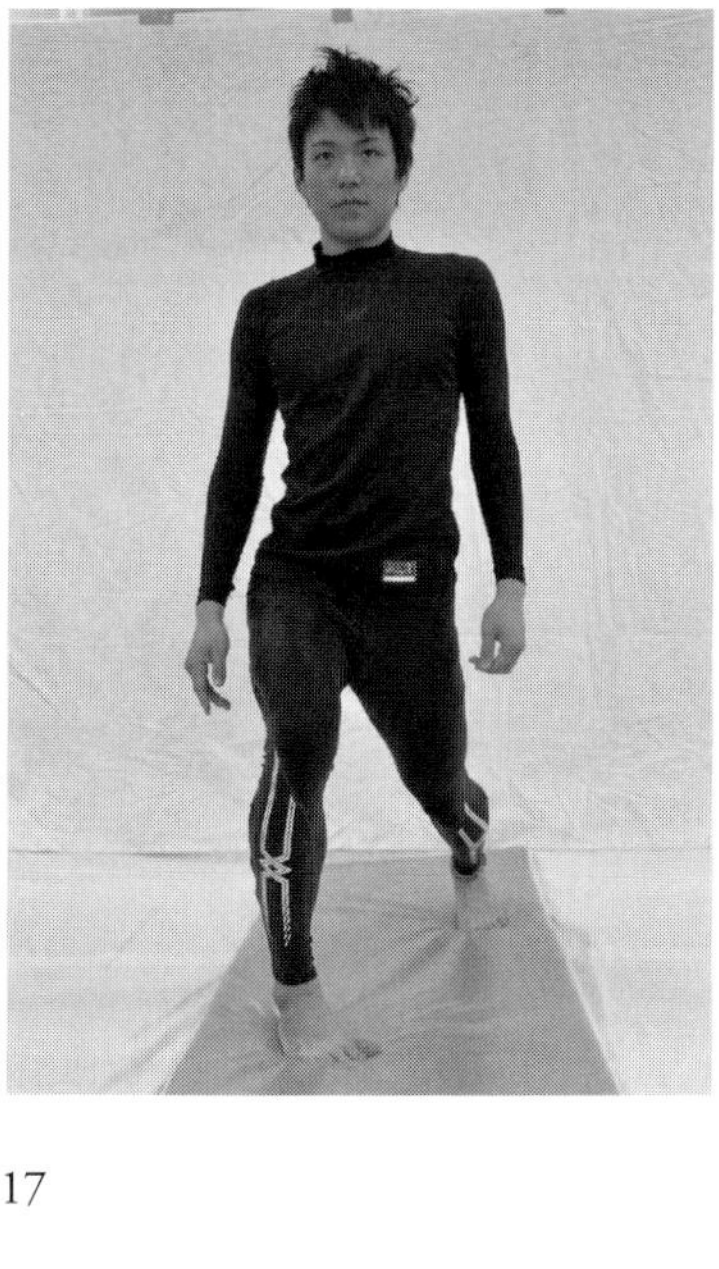
膝が内側に入るニーイン、外側に出てしまうニーアウト

股関節内転筋群

膝をつき、もう一方の膝は伸ばします。
体は伸ばしている方の脚側に倒していくと内転筋がストレッチされます。

臀筋、梨状筋など

片方の足首をもう一方の膝の上に引っ掛けます。胸部を徐々に脚に近づけていきます。

臀筋

あぐらをかくように座ります。一方の膝を抱えるようにして体に寄せていきます。

股関節内転筋群
股関節を開き、腰を落として両足首を手で持ちます。
その状態で体を左右に揺すります。

体側
横になって手で体を支えます。上の脚を前に持っていき膝を立たせます。ヘソを前に出すようにして、下の脚は後ろ側にもっていくと、体側が伸ばされます。

大腿四頭筋
両膝を床に着き、つま先を立たせて座ります。体を後ろに倒して、後ろに手をつきます。片方の膝だけ上に持ち上げると、反対側の太もも前面が伸ばされます。続けて、両膝を広げるようにすると、両方とも伸ばすことができます。

腸腰筋
股関節を前後に大きく開いて腰を落とします。後ろ脚の膝をつけて足裏を返します。伸ばされている脚の付根を上から押さえるようにします。

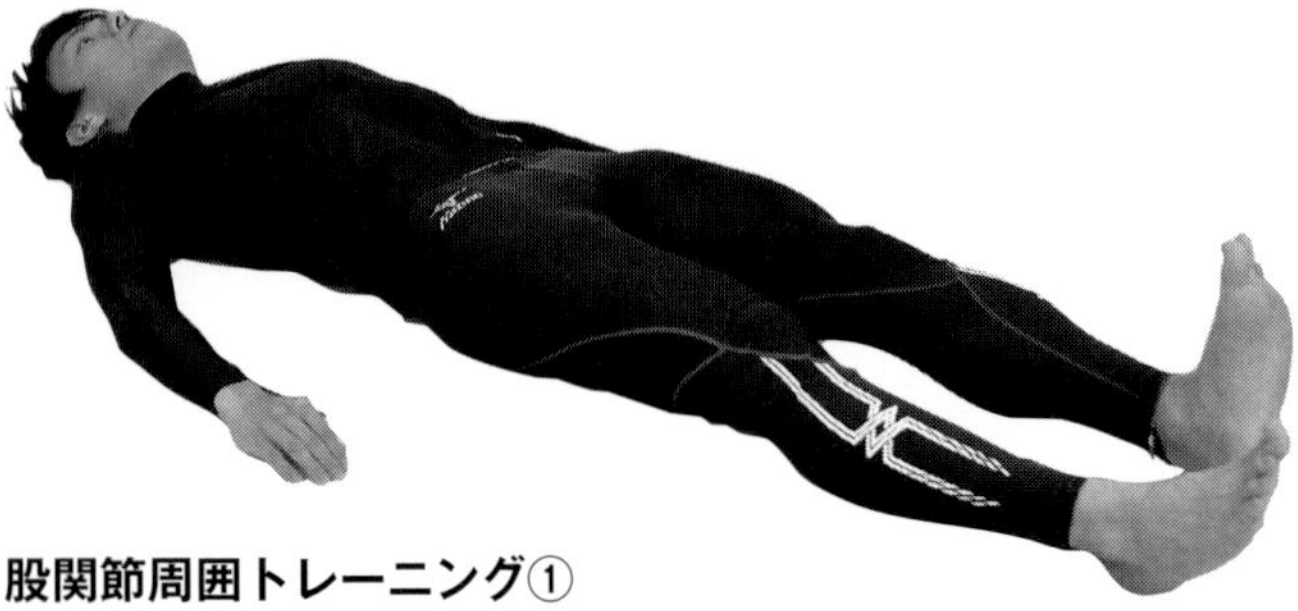

股関節周囲トレーニング①
仰向けになり、両手を広げて体を支えます。一方の脚をそのままゆっくりと上げ下げします。同様に股関節を内旋（つま先を内側に向けるように脚を捻る）と外旋（つま先を外側に向けるように脚を捻る）した状態で脚の上げ下げをします。10回を３セット程度。

股関節周囲トレーニング②
体を横に寝かせた状態で、上側の脚を上げ下げします。同様に股関節を内旋（つま先を内側に向けるように脚を捻る）と外旋（つま先を外側に向けるように脚を捻る）した状態で脚の上げ下げをします。10回を３セット程度。

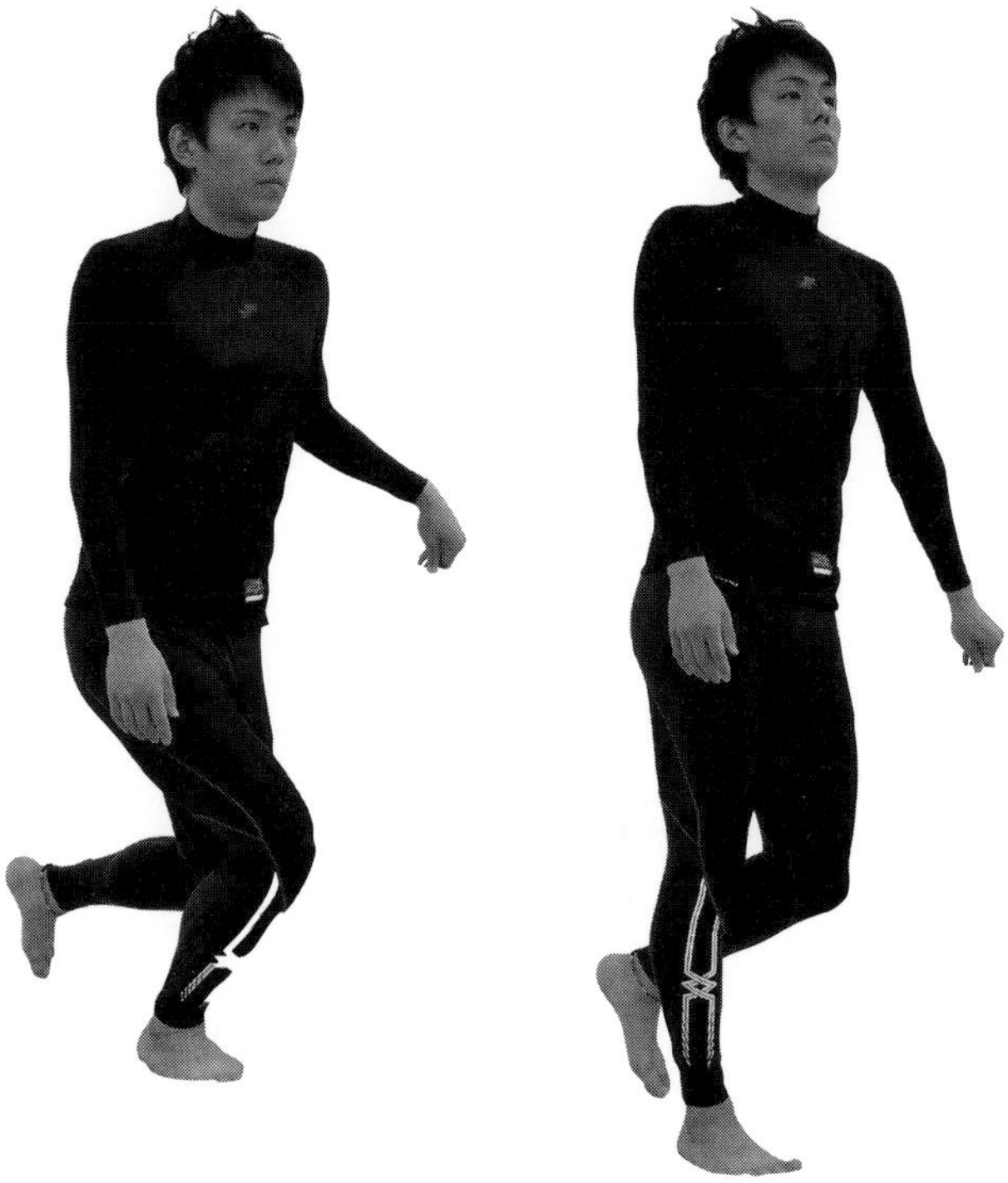

片足スクワット

踵をつけた状態で片足で立ち膝が90度になるまでゆっくりと曲げて行きます。その際に、膝がニーイン、ニーアウトにならないように注意します。なお、指先のみで体を軽く支えながら行っても結構です。10回×３セット程度。踵を軽く持ち上げ、つま先のみを床につけて行うと強度があがり、またバランス能力も向上します。

両足スクワット

右足前、左足後の剣道の足を作り、その状態で腰を落とすようにしながら両足スクワットを行います。膝がニーイン、ニーアウトになっていないかどうかを確認しながら実施して下さい。10回×３セット。

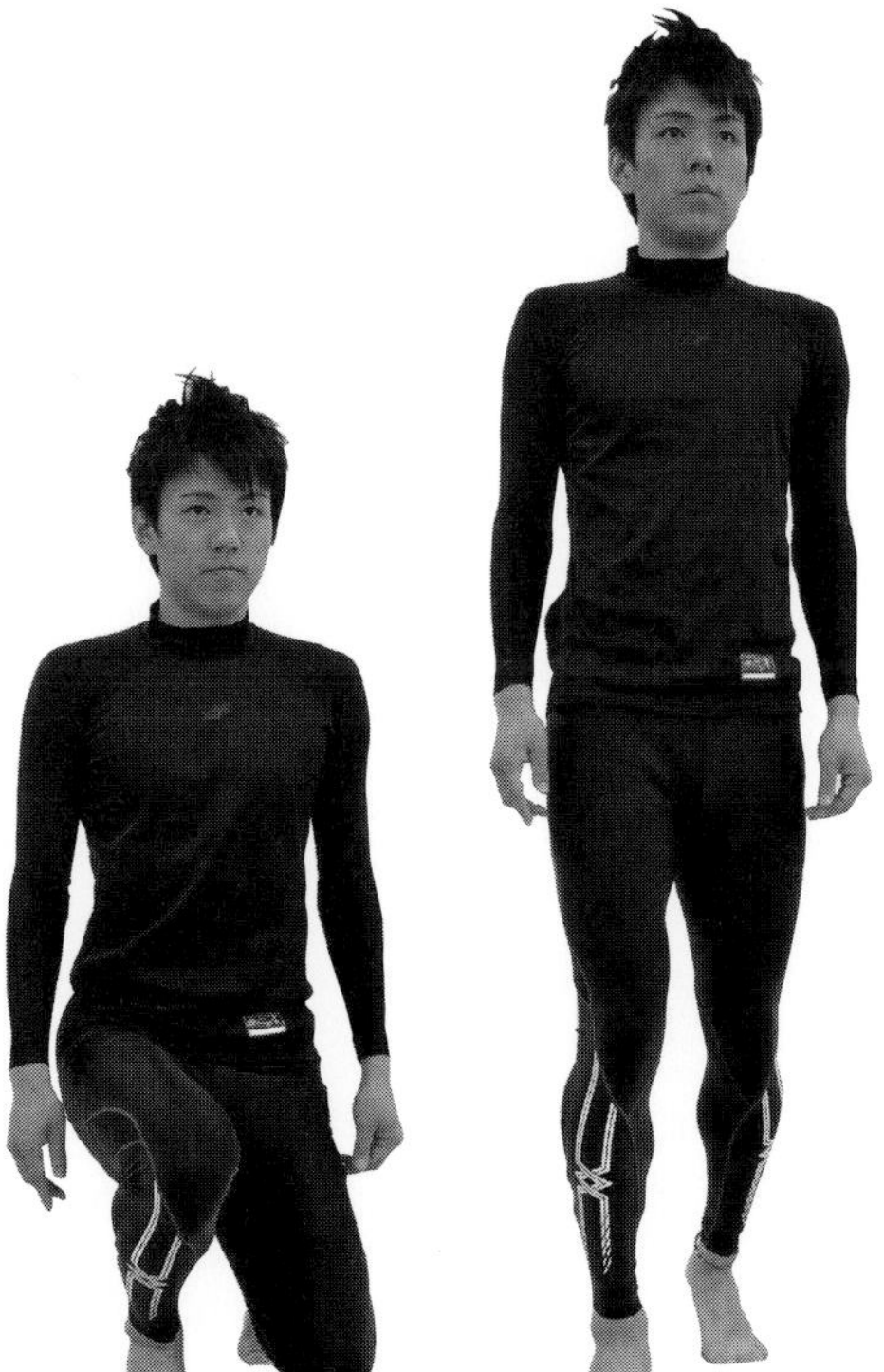

ミッション3 剣道ウォーキングを身につける

いつでも気軽に可能 姿勢改善に最適な稽古

ウォーキングにはたくさんのメリットが挙げられています。ウォーキングの運動強度は軽い有酸素運動に相当することから、心臓や血管系の強化になるでしょう。有酸素運動ですから、肥満の解消につながります。ウォーキング時のカロリー消費（kcal）の計算式は、0・076－0・082×体重（kg）×時間（分）ですので、70キログラムの大人が60分間ウォーキングをすると、319－344のカロリーを消費したことになります。

これはご飯だと2膳分、ロールパン1個分程度に相当します。さらに、ウォーキング時に骨に加わる刺激は、骨密度を上昇させることも知られています。そしてなによりも、「いつでも・どこでも気軽にできる」ことが最大のメリットになるでしょう。仕事が忙しくて道場に行けなくても、ウォーキングだけは通勤・帰宅時に必ずできる稽古です。

さて、ウォーキングには剣道に直接結びつくようなメリットがあるのでしょうか。ウォーキングの剣道へのメリットとしては、前述のメリットに加えて「姿勢の改善」を挙げることができます。剣道は右半身の姿勢をとります。その影響からか、剣道家の立ち姿をみると、右肩があがっている、体幹がねじれている、体重が片足に偏って加わっているなどのアンバランスがみられることがあります。

また、ほとんどの剣道人において、大腿部は右が太く下腿部は左が太いという筋力の差をみることができます。骨格や筋力の左右差は、一般生活では腰痛や関節痛などの障害発生要因になることがわかっています。

一方、ウォーキングは体の中心を軸にした左右正対称の運動です。剣道の稽古のみでは左右差が大きくなるばかりですが、稽古に加えてウォーキングを行なうことはアンバランスを改善する機会として最適です。

あなたの靴底をチェック

斎村五郎範士が直心影流富山圓範士のもとに修行に出た際に、下駄について指導を受けたという話があります。それによると、富山範士が修行に訪れた若き日の斎村範士の下駄が片減りしているのをみて、足の運びが悪いことを指摘したそうです（『斎村五郎の遺稿と思い出』斎村龍雄編）。「下駄の教訓」として知られるこの逸話は、まさに歩き方の指導をしていたということができるでしょう。

　現代は下駄ではなく靴に変わりましたが、歩き方や姿勢のバランスの悪さは、靴底のすり減り方をみるとわかるのは同じです。理想的な歩き方をしている場合の靴のすり減り方は「親指周辺とかかとの外側がすり減っていく」といわれています。それは、歩行時に靴底にかかる力が、図のようにかかとから着地→小指の付け根→親指の付け根→つま先から自然に地面から離れる、というように移動していくからです。

　それでは、自分の靴を見てみましょう。靴底の外側の減り方が目立つ場合は、膝が「がに股」や「O脚」になっている可能性があります。逆に内側の減り方が目立つ場合は、膝が「X脚」や内股になっている可能性があります。かかとだけがすり減っている場合は、姿勢が後傾になってしまい、つま先をうまく使えずに歩いていると考えられます。靴底の減り方に左右差がある場合は、体の使い方や骨格に左右差が大きい証拠です。恐らく剣道の稽古の場面でも、その影響が出ていると予想できます。

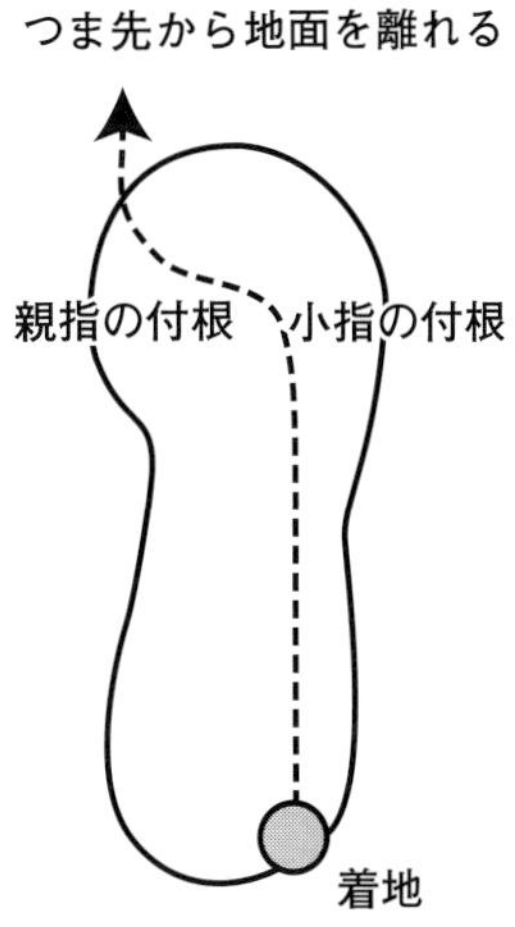

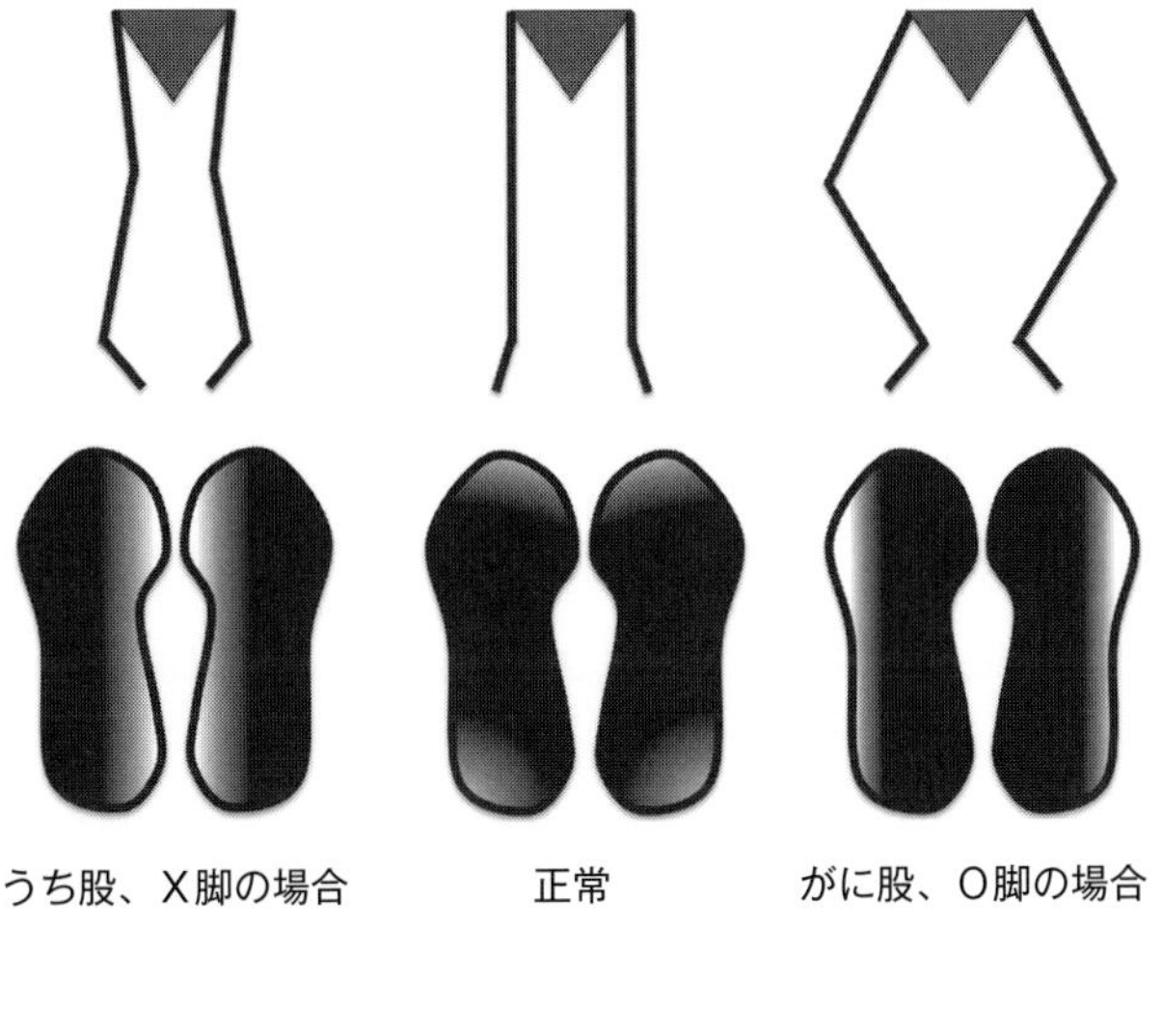

うち股、X脚の場合　正常　がに股、O脚の場合

靴底の減り方が悪い歩き方は、腰痛や関節痛などの障害の要因になります。靴底の減りを考慮し、歩き方を矯正していく必要があります。

まずは正しく立つ

ウォーキングでは、まずは正しい姿勢で立つことが基本になります。基本姿勢のポイントは次の通りです。

●頭部

まっすぐに前を見て、あごを真後ろに引き上に伸ばします。頭は真上に引き上げられているようにまっすぐに背骨に乗せます。また、視線はまっすぐ前を見ます。頭部の重さは3キログラム以上ありますので、視線を下に落とすだけで頸部や背部の筋に負荷がかかり姿勢が崩れます。

●背部

脊柱をまっすぐ垂直方向に伸ばします。腹筋と背筋がほどよく

頭部
まっすぐに前を見て、あごを真後ろに引き、上に伸ばす。頭は背骨に乗せるように真上に引き上げる

背部
脊柱をまっすぐ垂直方向に伸ばし、腹筋と背筋をほどよく引き締める

胸部
両腕をハンガーでつり下げられているようなイメージで力を抜く

引き締められているようにします（緊張しすぎないように）。

●胸部

両腕はハンガーでつり下げられているようなイメージで力を抜いて下ろします。胸は丸めすぎず、開きすぎないようにします。

●腰部

だるま落としの人形のように、上半身がバランスよく乗っかっているように、腹・背筋を軽く引き締めます。前傾や後傾になって上半身が腰部で折れ曲がることのないようにします。

●脚

両膝がスッと伸びるように大腿前面と殿部を軽く引き締めます。

●足底

体重が足関節のくるぶしよりもやや前、足底の外側でもなく内側でもなく、ちょうど中央に体重がかかるように立ちます。つま先は進行方向に向け、外や内を向かないようにします。

歩幅を広くして歩く

剣道ウォーキングのポイントの一つは、「歩幅を広くすること」です。剣道は打突時に股関節を広げて右足で踏み込みます。また、足さばきは「股関節を素早く動かすこと」ともいえるほど股関節は重要です。

その股関節ですが、普段の生活では大きく広げたり、素早く動かすようなことはありません。そこで、剣道ウォーキングでは歩幅を広めにとって股関節を大きく動かすようにします。歩幅の目安は一般的に「歩幅＝身長−100センチ」といわれていますが、それよりも広めの歩幅で歩くことは、股関節の柔軟性や可動性を高めることにつながります。

もう一つのポイントは、「姿勢を改善すること」です。先に述べたように、靴底の減り方がおかしいようであれば、ウォーキング時にそれを修正します。ウォーキングは正しい姿勢での動作をくり返し行なえるチャンスです。ウォーキングで姿勢に〝良いクセ〟をつけることができれば、障害の予防やパフォーマンスの向上につながっていくことでしょう。

注意点としては、バックなどの荷物を片側だけに持たないようにすることです。どちらか一方の手や肩ばかりを使っていると、その影響で歩行時の姿勢が崩れることがあります。ウォーキングの効果を上げるには、リュック式のバックや鞄を使うことをお勧めします。

荷物は背負う
どちらか一方の手や肩ばかりを使っていると、その影響で歩行時の姿勢が崩れることがある。ウォーキングの効果を上げるには、リュック式のバックや鞄を背負うほうがよい

足幅は広く
普段の生活では股関節を大きく広げたり、素早く動かしたりするようなことは少ない。剣道ウォーキングでは歩幅を広めにとって股関節を意識して大きく動かすようにする

身体のケアと簡単トレーニング

ウォーキングは負荷の軽い運動ではありますが、以下のケアをすることによって安全で高い効果が期待できるでしょう。

●ストレッチング、マッサージ

ウォーキングの前の下肢のストレッチングやマッサージは、障害の予防につながります。とくに、普段から足関節やアキレス腱、膝関節などに痛みを感じるようであれば、ウォーキングで悪化させてしまう可能性もありますので、事前に必ず行なうようにしてください。下肢のストレッチングは、一般的なもので結構です。写真で紹介するような膝と足裏のマッサージは手軽で効果的です。

●水分補給

朝の通勤時にウォーキングをする場合があります。実は、起床時は人間の体がもっとも乾いているときです。朝食を済ませてい

肩甲骨・腕を動かす
ウォーキング時に肩甲骨を動かす、腕を伸ばして回すなどする。柔軟性の向上に効果的

水分補給
朝の通勤時にウォーキングをする場合は水分補給を心がける。人間の身体は起床時がもっとも乾いている。出かける前に水分を補給する、ウォーキング時に補給するなどして、こまめに水分をとることが大切

首を大きく回す
同じくウォーキング時に首を大きく回す。全身の循環が高まり、柔軟性の向上に効果的

るようであれば乾きは解消しているとは思われますが、朝のウォーキングでは水分は不足しがちですので、積極的に水分を補給するようにしてください。

●歩きながらもできる上半身の運動

ウォーキング時に上半身も動かしてみましょう。肩甲骨を多く動かす（写真）、腕を伸ばして回す（写真）、首を大きく回すなど。ウォーキング時は全身の循環が高まっています。歩きながらの上半身の運動も柔軟性の向上に効果的です。

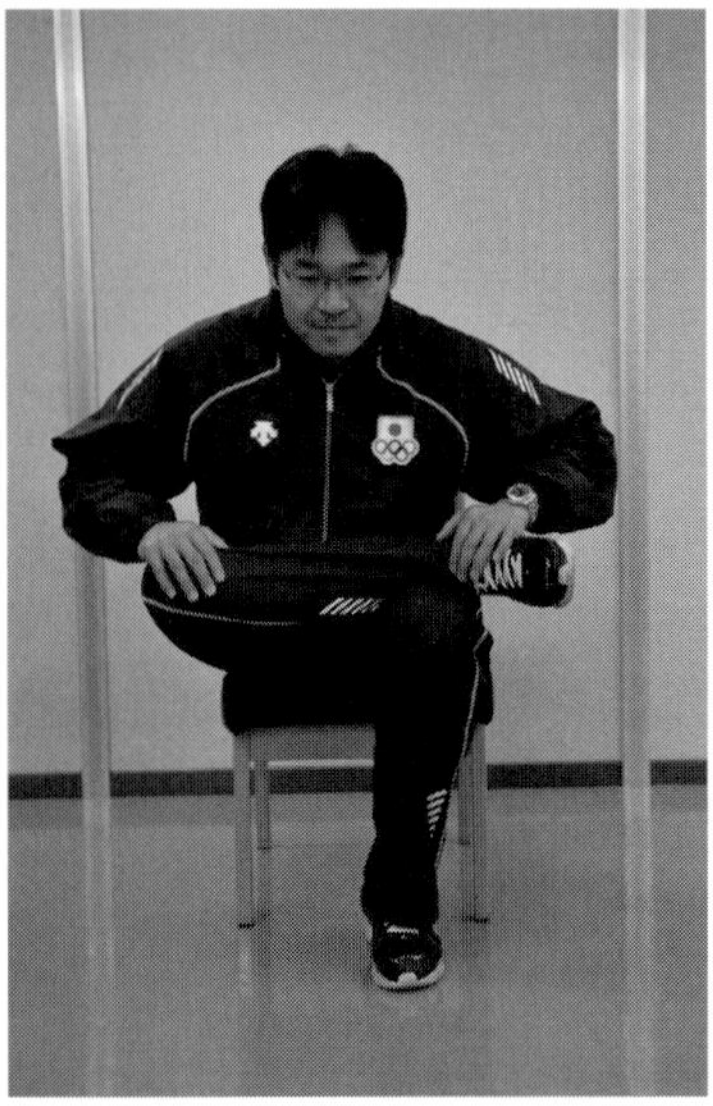

中殿筋
椅子やベンチに腰掛け、片方の足首をもう一方の膝に引っ掛けるようにする。引っ掛けた足の足首と膝を軽く抑えながら、上体を前に倒していく

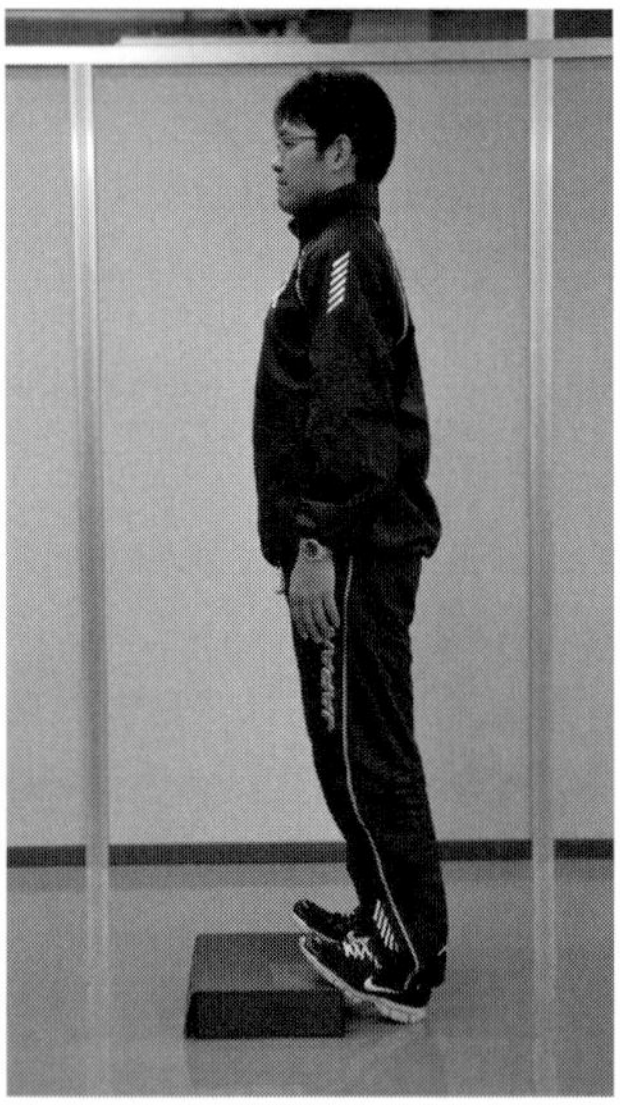

下腿三頭筋
階段のような段差を使う。踵が地面に付いているほうが、強度がコントロールできる。つま先だけを段に乗せて膝を伸ばして立ち、ふくらはぎをほどよく伸ばす。痛みを感じない程度が理想的

股関節
つま先を外側に向けて股関節を広げる。腰を真下に落としていき、肘や手を使って股関節を広げる

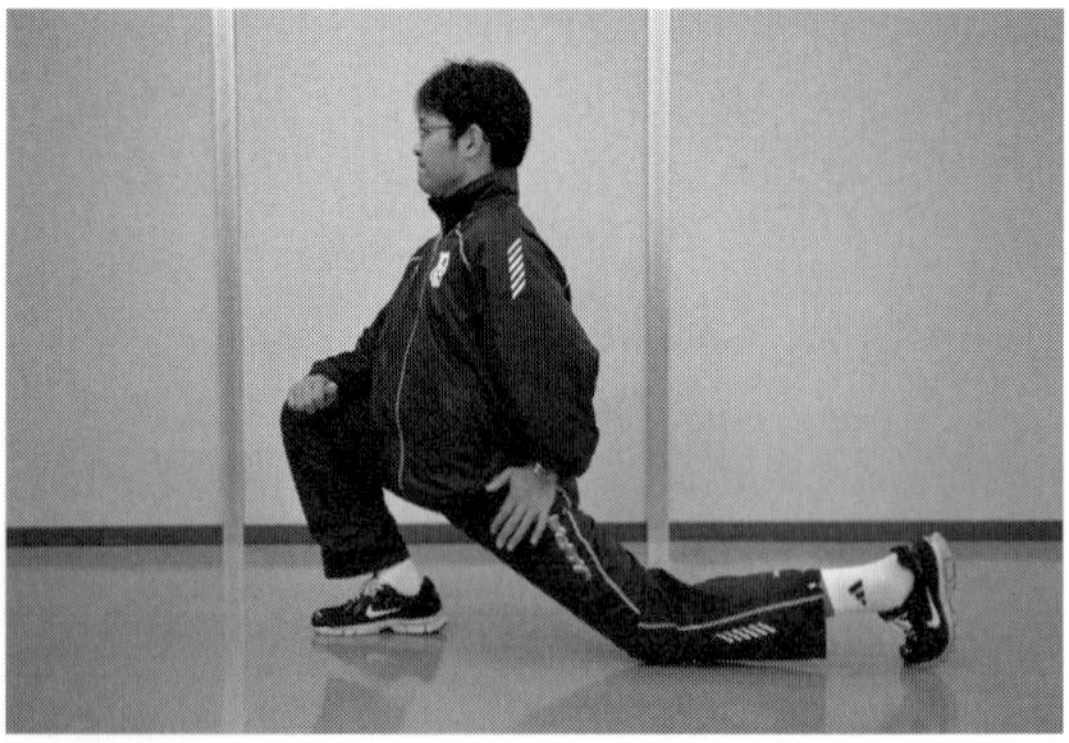

腸腰筋
前の膝関節は90度の角度に曲げ、後ろの脚は後ろに大きく開く。後ろの脚は膝を地面につけてもかまわない。胸を張るようにして重心を真下に落としていく。後ろ足側の脚の付け根（股関節）を上から押さえると、より効果的に伸ばすことができる

ウォーキングにはもう一つ重要な効果があります。それは、「疲労の回復」です。アクティブレスト（積極的休養）という言葉は聞いたことがあるでしょうか。稽古の翌日、体が重かったり、筋肉痛になっているようなことはありませんか？　アクティブレストというのは、積極的に体を動かして循環を高めたり、柔軟性を向上させることで疲労回復を促進しようというものです。ウォーキングは、アクティブレストとしても高い効果が得られます。稽古翌日、普段はバスや電車を使うところを、ウォーキングしてみてはどうでしょうか。

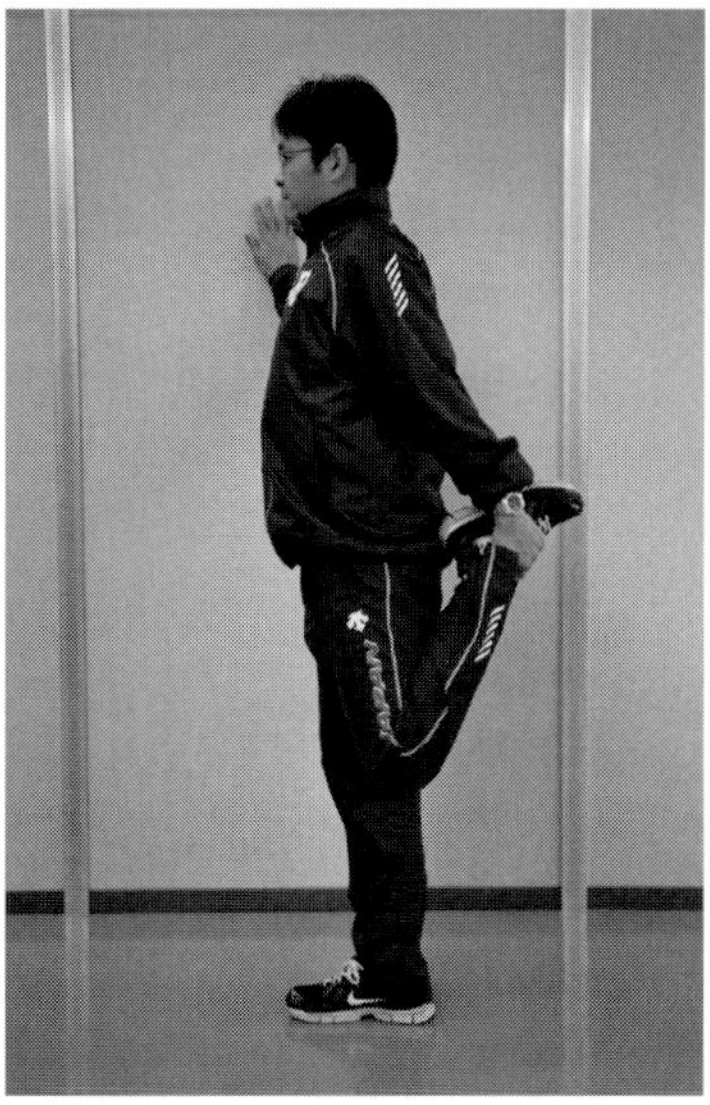

四頭筋
壁や手すりで体を支えながら片脚で立ち、もう一方の脚の膝を曲げ、その足首を手で持つ。胸を張りながら大腿の前を伸ばす

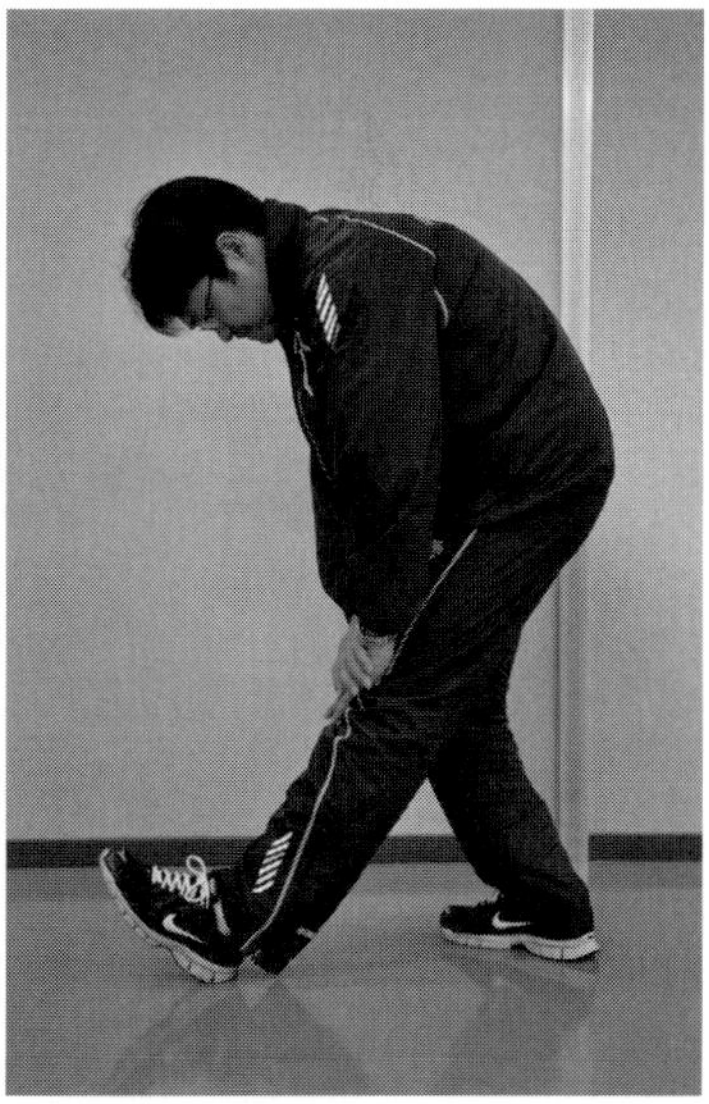

ハムストリング
股関節から膝にかけての脚の裏側を伸ばす。片方の脚を前に出し、膝を伸ばしたままつま先を持ち上げる

ミッション4 剣道足の機能を強化する

打突の始動は足のうちにある

剣道では、竹刀と体を繋ぐ部分である手を〝手のうち〟と呼び、特に重要な技術として取り上げられます。その一方で、足さばきの重要性は誰もが理解しているところではありますが、床と体を繋ぐ部分である足（足裏）については、手のうちに比べると語られる機会は少ないようです。

手のうちは、竹刀の自由な操作や打突の冴え等に深く関わっており、言わば打突のゴール地点の役割を持っていると言えるでしょう。その反対に、足は床から前後左右方向への力をもらい、それを体に伝える場面を担っており、打突のスタート地点と言うことができます。ゴールが決まらなければ一本にはなりませんが、スタートが決まらなければゴールには到達することができません。〝足のうち〟と表現して良いのでしょうか、「足指でジワリと間を詰める」、「右足4、左足6の割合で体重をかける」など、足の使い方についても熟達者には秘伝はあるようです。

多くのスポーツではシューズを履いています。近年はスポーツ科学の発達も相まって、それぞれのスポーツの特性に応じたシューズが更に進化を続けています。裸足で行う剣道では、シューズの進化は期待できませんから、自ら足を進化させるしか方法はありません。今回は剣道足の機能の強化として、足関節から足裏のトレーニングを紹介したいと思います。

一流選手は足の重要機能である底屈力と背屈力に優れている

あなたは何点？ 足関節の柔軟性を測る

まずは足関節の柔軟性テストをしてみましょう。手を後ろに組んで腰を下ろします。踵は上げてはいけません（写真①）。これができれば100点です。残念ながらこれが出来なかった場合は、手を頭の後ろに組んで腰を下ろします。これができれば80点です（写真②）。これもできないようでしたら、今度は手を前方向に伸ばして行って下さい（写真③）。これができれば60点、ギリギリ合格というところでしょうか。

足関節の柔軟性が低いと、足の操作性が低くなるばかりか、アキレス腱障害やふくらはぎ（腓腹筋、ひらめ筋）の障害など、下腿部の障害を誘発する可能性が高くなります。シューズを履く場合、靴底の踵の部分が高くなっており、足関節は自然とつま先が下がる状態になります。しかし裸足の場合はそれがないために、足関節は背屈位（つま先が上がる方向に足関節が深く曲がる）を取りやすくなります。そうなると、ふくらはぎが伸ばされて、伸張性のストレスが加わりやすくなります。一説によると、近年の日本人の足関節の柔軟性低下は、椅子の文化やトイレが洋式に変わったことによって、足関節を深く曲げる機会が減ったことが原因と言われています。裸足で行う剣道では、他のスポーツよりも足関節の柔軟性の確保は重要な課題ですので、普段から柔軟性向上のためのトレーニングを行っておく必要があるでしょう。

足関節の柔軟性テスト

手を後ろに組んで腰を下ろす。踵は上げない（写真①）。これができれば100点です。手を頭の後ろに組んでできれば80点（写真②）。手を前方向に伸ばして行ってできれば60点（写真③）。

写真① 100点

写真② 80点

写真 60点

足裏力の強化
自由度の高い足をつくる

足裏（アーチ、足底弓蓋）は足底筋膜をはじめとして、後脛骨筋、長腓骨筋などの下腿の筋、足指を曲げる長母指屈筋などにも支えられて作られています。アーチは踏み切り時の足部の安定に重要な役割を果たしています。また、母指球と母指は踏み切りの最終局面で力を発揮し、体の進行方向を定めています。手のうちでは、５本の指の微妙な握り加減をも意識しますが、足のうちでも手と同様に、自由度の高い足裏（足指を含む）のコントロールができることを目指したいものです。

また、打突時には体重の数倍になる重量を支えることにもなりますので、強化も必要です。足裏力が弱い、あるいは足裏を支える筋が疲労してくると、足裏のアーチが低下してしまいます。

足裏力トレーニング

ビー玉拾い
椅子に腰掛けてビー玉を足指で拾い上げます。親指側、小指側など、それぞれの指を使って持ち上げます

タオルギャザー
椅子に腰掛けて、手ぬぐいを素早くたぐり寄せます。

すり足時　足関節は常に背屈位になる

歩行時　足関節は常に底屈位になる

ーチの低下は足関節、膝関節の曲がるべき方向（アライメント）を狂わせることから、様々な下肢の傷害と関係することがわかっています。アーチ自体に強い痛みを感じる足底筋膜炎、下腿内側に痛みを感じ、頸骨の疲労骨折まで至ることもあるシンスプリント、その他膝のお皿の下にある靭帯が痛むジャンパー膝、膝の内・外が痛む鵞足炎、ランナー膝、アキレス腱炎もアーチ低下が関係する傷害です。足裏の強化は剣道人には必須です。

一流選手が優れている底屈力と背屈力の強化

つま先を足の裏側の方向に曲げる運動を〝底屈〟と言います。この底屈力も剣道には大いに関わっています。実際に全日本選手権優勝者の底屈力は著しく高かったというデータもあります。底屈力は、踏み切るときの前方向への推進力を発揮するというよりも、股関節や膝関節から発揮される力を集積して床に伝える役割があります。底屈力が弱いと、足関節がぶれてしまい、床への力が逃げてしまいます。力が逃げることで前方向への推進力が低下し、また瞬時の踏み切りにも対応できなくなります。

一方、つま先を自分の方に向けて曲げる運動を〝背屈〟と言います。踏み切りでは足関節を底屈させるので、背屈は打突時にあまり関係がないようにも思えます。ところが、剣道において背屈力は重要な役割を持っています。すり足で行われる剣道の足さばきは、通常の歩行時とは異なり常に背屈位をとっています。

つまり、踏み切りは動作の開始前に、足関節が背屈をしている、ということが条件になります。剣道人のふくらはぎが発達していることはご存知のことだと思いますが、実は背屈に関わる前頸骨筋も大きく発達しています。すり足や送り足で行われる攻防の際には、背屈力を常に発揮されているのです。

足関節と足裏は目線から遠い位置にあるせいなのか、あるいは竹刀を握るといった特殊な運動ではなく、普段の生活で特に気にすることなく使われている運動（歩行、走行）のためなのか、体の部位としては特に注目されづらい場所なのかも知れません。〝足のうち〟に注目してみると、もしかしたら剣道が変わるきっかけを得ることができるでしょう。

つま先ウォーク（前方向・後方向）
踵を上げて、つま先だけで歩きます。膝を軽く曲げてバランスをとりながら行って下さい

ヒールウォーク（前方向・後方向）
つま先を上げ、踵のみで前に歩きます。踵が痛い場合があるので、その場合は靴を履いて実施してもかまいません

つま先ウォーク（横方向、クロスオーバー）
踵を上げて、つま先だけで横方向に歩きます。バランスを意識しながら行います。クロスオーバーで行うと、足関節の操作性や股関節の柔軟性も向上します。

ヒールウォーク（横方向、クロスオーバー）
つま先を上げ、踵のみで横方向に歩きます。バランスを意識しながら行います。クロスオーバーで行うと、足関節の操作性や股関節の柔軟性も向上します

底屈力・背屈力トレーニング

座布団スクワット（つま先立ち、つま先あげ）
片足は座布団上において若干足を開くようにします。つま先立ちをしながらバランスをとってゆっくりとスクワットを行います。つま先の方向と膝の方向がずれないように注意して下さい。また、同様の方法でつま先を上げた状態でスクワットを行います。踏み込みの際の体のバランス能力が向上します

座布団スクワット
座布団やクッションの上で行うことでバランスをとることが難しくなり、足関節周りの様々な筋を強化できます。座布団上に片足で立ち、スクワットを行います。スクワットの角度は20度程度で結構です

方向切り替えトレーニング
両足で座布団の上に立ち、つま先立ちをして腰を落とします。バランスをとりながら膝の方向を瞬時に切り替えます

座布団カーフレイズ
座布団の上で片足立ちし、バランスをとりながら踵の上げ下げをします。ゆっくりと行って下さい

ミッション5 剣道瞬発力を養い生きた足さばきを手に入れる

安定性・正方向性・時期性 剣道瞬発力に必要な三つの要素

足さばきを自在なものにするには瞬発力は必要不可欠です。瞬発力というと、ダイナミックな動きを想像することでしょう。力強い体の出、鋭い打突、素早い打ち抜け。瞬発力を獲得するためには、上肢、下肢ともにダイナミックなトレーニングが必要と考えるのが一般的だと思います。

そこで剣道に目を向けてみます。剣道は打突時において、相手の打突部位を数センチの誤差精度で打ち込まなければなりません。しかも、的となる相手は必ず動いています。その意味では、打突の瞬間は自分も動きながら飛んでいる的を狙う、クレー射撃のような競技と似ているのかもしれません。

そうなると剣道においては、単に瞬発力があれば良いというわけではなさそうです。狙い通りの打突をするためには、打突の安定性と正方向性（正しい位置取り）、そして満を持して打突のできる時期性（タイミング）が求められます。剣道で求められているのは、それらの条件を備えた瞬発力なのです。

それでは、打突の安定性と正方向性を高めるためにはなにが必要かということになります。そこでまず注目したいのは下肢の関節です。下肢の大きな関節としては、足関節、膝関節、股関節があります。

剣道で必要な瞬発力は、安定性と正方向性、時期性を備えていなければならない

足関節
よどみない蹴り出しをつくる

足関節の動きは背屈と底屈が中心で、足先が外を向く外転と内を向く内転、そして後方から踵をみたときの位置変化で、小指側の底面が引き上がる回内と、反対に親指側へ引き上がる回外があります。この3つの足関節の動きは組み合わさって行なわれることが多く、背屈・外転・踵骨回内の組み合わせを「外がえし」、底屈・内転・踵骨回外の組み合わせを「内がえし」と呼んだりします。

歩行時には、足関節は内がえしをしながら踵をつき、外返しになりながら体を前に蹴り出します。つまり、まず体の体重（重心）を踵のやや外側で支え、そこから母指球（足親指側の足裏の付け根）に体重が移動して、母指球と親指で体を前に押し出します。

剣道でも同様で、打突の蹴り出し時には内がえしになり、母指球と親指で全体重を前に蹴り出します。この一連の流れがよどみなく行なわれると、瞬発力のあるスムーズで素早い打突が、正方向性をもって行なわれることになります。

この「よどみ」とはなにか……。それが必要以上の内がえし、外がえしです。打突時の荷重に足関節が負けてしまう、あるいは足先が進行方向を見ていなければならないのに、足の備えが悪くて外側や内側を向いている。このような状況の場合には、内がえしや外がえしが顕著になり、脚の推進力が足関節から逃げてしまいます。したがって、瞬発力は大きく低下することになります。

膝関節
サスペンション機能が重要

次に膝関節です。膝関節の主な動きは、膝を曲げる屈曲と膝を伸ばす伸展です。剣道の打突時の推進力を発揮する重要な関節ですが、もう一つにサスペンション（懸架装置）としての役割があります。サスペンションとは、車でいえば路面の凸凹を車体に伝えない緩衝装置として、そして車輪と車軸の位置を決め、車輪を路面に対して押さえつける機能として働いています。

また、重心を安定させ、乗り心地や操縦性を向上させる役割をもっています。サスペンションが機能しない車は、乗り心地や操縦性が悪くなり、車輪の動力が地面にうまく伝わらなくなります。

剣道でも同じで、膝の屈曲と伸展がうまくコントロールできなければ、打突の安定性や正方向性が保てなくなります。また、一瞬のタイミングと捉えようとしても、瞬時の打突が行なえずに打突の時期性も失われることでしょう。

股関節

体を推進させる供給源

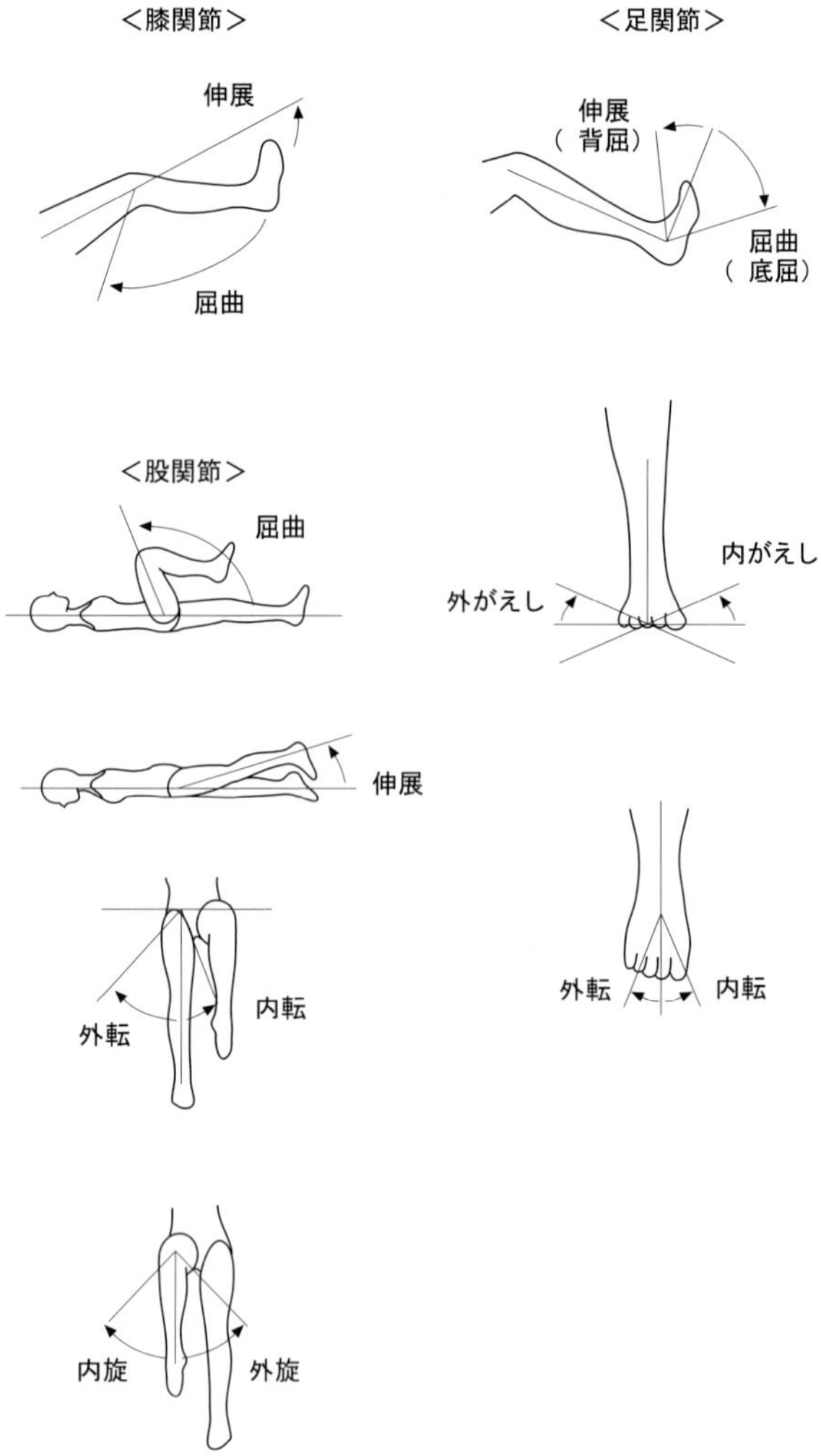

続いて、股関節です。股関節は、足関節、膝関節と異なり、関節が「ボールとソケット」で構成されています。股関節は関節がボール状のため、さまざまな方向に関節を大きく動かすことができます。動きとしては、大腿部をまっすぐに持ち上げる屈曲、後ろに蹴っていく方向の伸展、外方向に開く外転、内方向への内転、内側に捻る内旋、外側に捻る外旋があります。股関節には大きな筋が多く集まっていることから、体の推進力の供給源としての役割があります。股関節を自由に動かし、効率よく大きな力を発揮させることができれば、瞬発力が向上し打突の正方向性が確保できるでしょう。

一方、上半身である体幹に目を向けてみます。打突時の体幹で重要なのは、「扇の要」としての役割です。概ねで体幹は体重の43パーセントを占めており、腕がそれぞれ6・5パーセント、脚がそれぞれ18・5パーセント、頭部が7パーセント弱を占めます。つまり、体幹には体幹重量以上の枝がついていることになります。

自宅でできる簡単瞬発力トレーニング

体幹は、脚が床から得た推進力を受けとめ、小手をつけ竹刀を持って振り回す腕を支えなければなりません。したがって、体幹は自由に動かすというよりも、扇の要としての安定性を高めることが求められます。

今回は、剣道における瞬発力発揮のための条件である、安定性、正方向性、時期性に着目した、自宅でできるトレーニングを紹介します。

左足

壁押し（安定性・正方向性）
壁を押すようにして、打突の姿勢を作る。右足を軽く浮かせ、壁の手と左足で体を支える。左足で床を蹴るようにして、壁を押す（10秒×５回）

ボール踏み（安定性）
テニスボールをランダムに床に置く。ゆっくりとテニスボールを踏む。つま先、踵は床につけないようにする。安定したら次のボールに移動する。重心が安定してから、慌てずに次に移動すること

重心歩行（安定性）
姿勢を倒さないようにして、膝を深く曲げて重心を落とす。重心を上下動させないようにして、すり足で前方向に移動する

脚上げバランス（安定性・正方向性）
片足で立ち、片方の脚を持ち上げる。股関節、膝関節は90度。背筋を伸ばし、手は構えのポーズをする。片足でバランスをとりながら、膝頭を右、左にゆっくりと動かす（5往復×片足3セット）

ステッピング（時期性）
つま先を外側に向け、脚を横に広げる。姿勢は前に倒れないようにする。その場で小さく連続して足を踏む（立位と座位、それぞれ5秒×3～5セット）

股関節

股関節歩行（安定性）
つま先を外側に向け、脚を横に広げる。姿勢は前に倒れないようにする。小刻みに右、左、右と小さく足を前に踏み出す（小さな四股を踏むように）

足交差歩行（安定性・正方向性）
姿勢を倒さないようにして、膝を深く曲げて重心を落とす。体は正面を向いて安定させながら、脚を交差させて横方向に移動する

体幹

足引きつけ（安定性・時期性）
四つんばいになる。背筋はまっすぐにする。腹筋は意識して引き締める。膝を床から離し、つま先を擦らせるようにしながら、膝を胸に寄せてから元の位置に戻す。左右交互に行なう（20回×３～５セット）

仰向け構え（安定性・正方向性）
仰向けになり、片方の膝を上げる。股関節、膝関節は90度。両手で膝を押さえるようにする。両足のつま先は手前側にもってくる。踵と背中の上部で体を支えるようにして持ち上げる（５秒×３～５セット）

仰向け気をつけ（安定性）
仰向けで気をつけの姿勢をとる。両足の踵と背中の上部で体を支えるようにして持ち上げる（５秒×３～５セット）

ミッション6

相手との縁を切らないための基礎トレーニング

剣道の基本稽古と試合、地稽古の大きな違いは「相手とのかけひき」ではないでしょうか。相手の隙、剣道の教えで言えば「三つの許さぬところ」である「起こり頭」、「受けとめたところ」、「(技の)尽きたところ」を捉えるためには、相手との縁を切らないことがもっとも重要です。縁を切らないというのは、心の問題ではありますが、心が縁を切らなくても体の状態が相手との縁を切ってしまうことがあります。

今回は、縁を切らないための基礎トレーニングについて、項目別に紹介したいと思います。

視野の確保と目を鍛えるトレーニング

「目」は相手の情報を得るための大事な手段であることは言うまでもありません。剣道においては「遠山の目付」や「二つの目付け」、「観見二つの目付け」など目にまつわる教えがあるように、目や視線、視野が重要視されていることがわかります。

目標に向かって視線を合わせ、その視線に手のひらを重ねる。手のひらを上下動させると上側と下側で視野の範囲が違うことがわかる

まずは視野について考えてみます。同じ場所を見ようとしても頭の角度によって視野は変わります。一つのテストをしてみたいと思います。目標に向かって視線をまっすぐに合わせます。その視線に手のひらを重ねます。視線をまっすぐにしたまま手のひらを垂直に上下させてみて下さい（写真）。上側と下側で視野の範囲が違うことがわかります。上側は額の辺りで見えなくなり、それに対して下側はお腹の辺りまで手のひらを下げても見えるのではないでしょうか。

このテストからわかるように、視野は解剖学的な理由から視線に対して上側よりも下側の方が広くなっています。ということは、頭が前側に傾くような姿勢（うつむくような）だと、下から相手を見上げるような視線となり視野が狭くなってしまいます。その一方、胸を張り背筋を伸ばすような姿勢をとると、多くの視野が確保できることになります。いわゆる良い姿勢をすることが視野を確保し、相手と竹刀の動きを見逃さない手段となります。

次に目の動きです。眼球は上転させる上直筋、下転させる下直筋、外転させる外直筋、内転させる内直筋、また水晶体（レンズ）の厚さを調整し焦点を合わせる毛様帯筋などがあり、小さいながらも多くの筋肉が支え動かしています。足や腕の筋と同様、眼球を動かす筋も加齢で衰え、疲れで動きが悪くなります。仕事でパソコンや書類等をじっと見続けて目が疲れたとき、あるいは稽古前、就寝前など、ちょっとした時間を使ってトレーニングをするだけでも目の動きを格段に良くすることができます。

頭が前側に傾くような姿勢だと、下から相手を見上げるような視線となり視野が狭くなる（下）。胸を張り背筋を伸ばすような姿勢をとると、多くの視野が確保できる（上）

左右に眼球を動かす
両手の親指を立てて手を伸ばします。頭を動かさないようにして眼球だけを動かして左右の親指のツメに交互に視点を合わせます。10秒連続を２回～３回程度。

上下に眼球を動かす
両手の親指を立て顔の正面で上下に並べます。頭を動かさないようにして眼球だけを動かして上下の親指のツメに交互に視点を合わせます。10秒連続を２回～３回程度。

焦点をすばやく合わせる
道場の壁、窓の外の木、何でも良いので遠くの目標を定めます。顔の前に親指を立て、ツメと遠くの目標に対しできるだけ早く交互に焦点を合わせます。10秒を２回～３回程度。

バランス能力を鍛えるトレーニング

体勢を崩さないために最も重要な条件の一つに、バランス能力があります。いくら優れた筋力を持っていても、重心の位置が不適切でバランスが崩れた状態になると、打突したくてもできない状況になってしまいます。熟練者が筋力に優れた若者を思うように操って稽古しているところには、剣道のバランスが優れているという理由もあると思います。

バランス能力は、感覚系、中枢司令系、筋力系など様々な要素で構成されています。感覚系や中枢司令系といった神経的な面に関しては、基本的には乳幼児から思春期ころにかけて大きく成長

飛行機バランス

両手水平に広げます。背中と頭を一直線にした状態で体を前に床と水平になるまで倒していきます。体を倒した状態でバランスをとります。10秒を３セット程度。

大の字バランス

両手水平に広げます。背中と頭を一直線にした状態で体を横に倒していきます。目線は正面をみるようにして、頭が下に下がらないように注意します。体を倒した状態でバランスをとります。10秒を３セット程度。

することがわかっています。

その一方、様々な条件下のバランス能力を向上させるためには、その競技特性に沿ったトレーニングが効果的であることもわかっています。ここでは畳一畳でできるトレーニングを紹介します。自宅や職場でもできますし、稽古直前にやっておくと構えが安定する、体勢が崩れにくいといった効果を実感することもできます。

重心の位置が不適切でバランスが崩れた状態になると、打突したくてもできない状況になる。

仰向けバランス
手のひらを内向きにしてバンザイの姿勢をとります。いずれかの足を前に出し、もう一方の足の膝は軽く曲げます。その姿勢から天井を見上げるように体を後ろに倒していきます。体を倒した状態でバランスをとります。10秒を３セット程度。

足関節の筋を鍛えるトレーニング

剣道に限らず、人間は移動する際には地面から力をもらっています。地面から力をもらう最初の場所が足関節です。前方向への打突では足関節を底屈方向（床を蹴る方向）に曲げます。その際に力を発揮するのが下腿三頭筋（ふくらはぎ）です。実際に剣道のトップ選手は底屈力が極めて優れていたというデータがありますから、剣道において重要な筋であることは間違いないでしょう。ではその反対、足関節の背屈力（つま先をあげる）はどうなのでしょうか。実はこちらも重要な役割を持っています。

打突時に左足で蹴り出す前に行われているのが、右足のつま先をあげる動作です。剣道ではつま先を高く上げることは好まれてはいませんが、それでも動作開始の最初に動き出すのが右足のつま先をあげる動作です。長距離を歩いた後、あるいは稽古を多くやった翌日、すねの筋（前頸骨筋）が疲れて痛くなっていることがあると思います。意識をしていなくても、この筋はかなり多く使われています。更につま先は進路を決める役割も持っています。つま先が向いている方向が進路になり、足は出て行きます。では、つま先をあげる動きが悪くなったら何が起こるのでしょうか。歩行時、走行時ではつま先が段差にひっかかって転倒することがありますが、剣道においても親指が床にひっかかって痛めてしまうことがあります。そこまでにはならなくとも、瞬時の打突への遅れ、進路のズレが生じます。進路のズレは打突部を外してしまう、相手に対して体が流れてしまうという結果を引き起こしてしまいます。ふくらはぎと同様、すねの筋も体勢を崩さないために重要です。

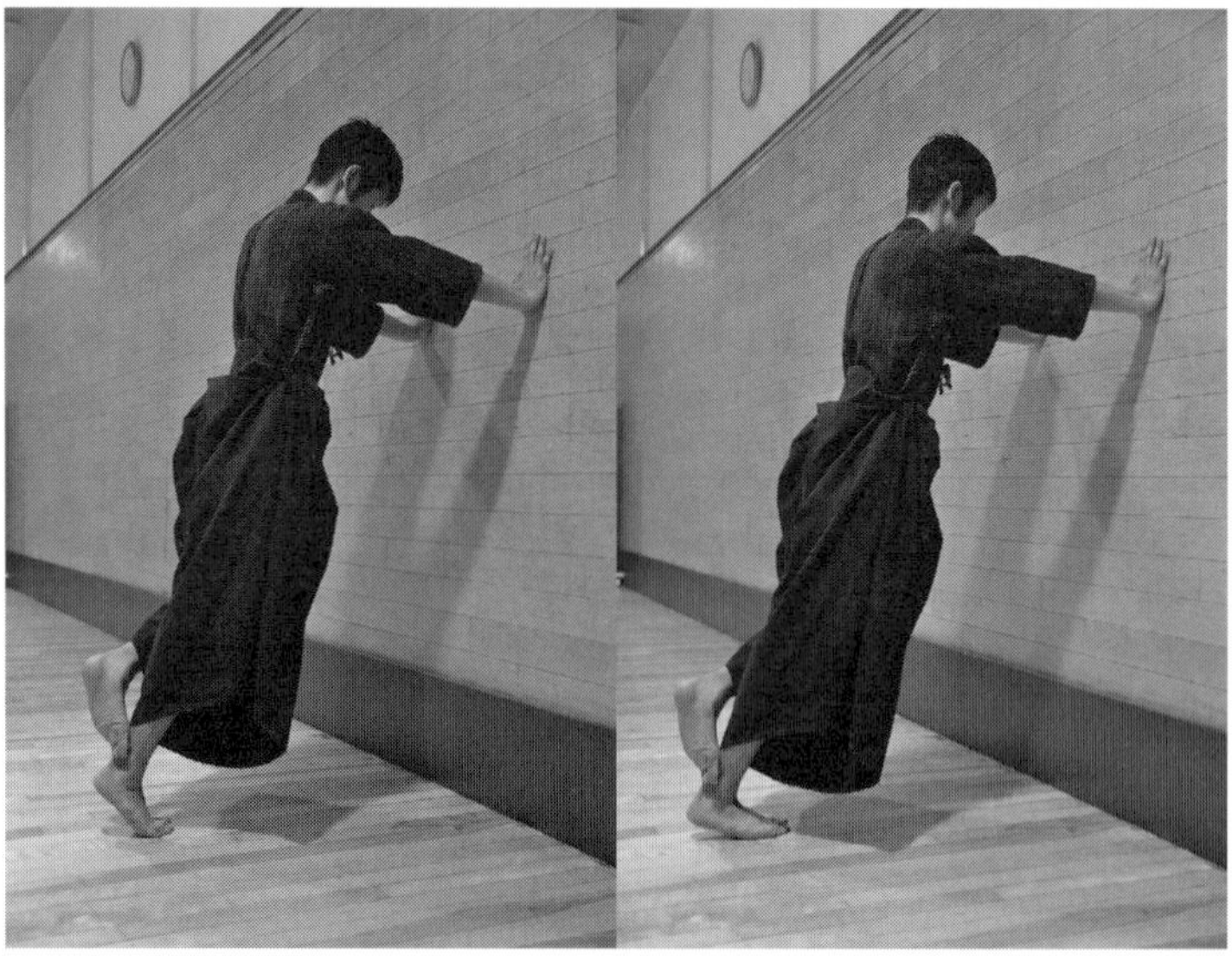

カーフレイズ
壁等で体を支えます。片足立ちの姿勢をとり、足関節だけで体を上下させます。20回～30回を３セット程度。

つま先上げ
椅子に腰掛け、つま先を連続で上げ下げします。左右を交互に上げ下げすると打突時を再現することができます。

ヒールウォーク
つま先をあげて、踵だけで歩きます。10メートル程度を５回程度。

股関節の柔軟性を鍛えるトレーニング

最後に股関節の柔軟性確保のためのトレーニングを紹介します。基本打ちをしている時には股関節は前後に開く場合がほとんどです。しかし、地稽古や試合をする場合には、股関節を横に開く場面や足を交差するような場面が数多くあります。そのような場面で、身体を支え体勢を立て直すためには、股関節の柔軟性と筋力が必要で、それがいわゆる〝ねばり腰〟につながっていきます。股関節を横に開くことは、一般生活の中ではさほど多くありませんので、専門的にトレーニングすることが求められるでしょう。

剣道では股関節を横に開く場面や足を交差するような場面も数多くある

また割りウォーク

股関節を横に開いた状態で、小刻みに足を踏み出して前に進みます。10メートルを３回～５回程度。

サイドウォーク
股関節を広げ、腰を落としながら横にゆっくりと進んで行きます。足は前側と後ろ側に交差させます。その場合も足をできるだけ深く交差させ、腰を落とします。10メートルを3回～5回。

ミッション7
相手を攻め崩す。これが突破力開発トレーニング

『試合・審判規則』第12条によると、「有効打突は、充実した気勢、適正な姿勢をもって、竹刀の打突部で打突部位を刃筋正しく打突し、残心あるものとする」と規定されています。この条件を満たす打突で必要なのが突破力ではないでしょうか。打突時に相手と接触して姿勢が崩れてしまう、打突後に竹刀が左右にぶれてしまう、崩れた体勢で残心がとれない。相手との接触（コンタクト）を突破できないと、有効打突の条件をクリアすることはできません。

ここでは突破力を、「体勢維持」と「打突姿勢」、そして「体移動」の三点から考えてみたいと思います。

肩甲骨・下肢・体幹 体勢維持にはこの三つを鍛えよう

素振りとは違い、打突では竹刀や腕に対してさまざまなコンタクトがあります。面を打ち込んだ場合、自分の竹刀が相手の面をとらえた瞬間が一つのコンタクトです。もしかしたら相手も面を打ち込んできていて、相面になるかもしれません。そのときには、竹刀は面をとらえる前に相手の竹刀とコンタクトすることもあります。また、腕同士がぶつかり合うこともあります。この竹刀や腕へのコンタクトは一方向だけでなく多方向から受けることになります。面をとらえても面の打突部は丸いために、面の頂点を外せば左右に竹刀が流れてしまうこともあります。当然、相手の竹刀や腕とコンタクトをすれば、どの方向にでも反力が返ってくる可能性があります。

このような瞬時のコンタクトに負けてしまえば、その打突は有効打となりません。打突が自分の思うような軌跡となるためには、それらのコンタクトに対して瞬間的に修正する、あるいはそのコンタクトに負けないような突破力を身につけておく必要があります。

コンタクトは竹刀と腕だけではありません。打突後の体当たりで負けてしまい、体勢が崩れて有効打とならないことは少なくありません。また、意外と気がつかないところですが、床とのコンタクト、つまり踏み込みも有効打に関係しています。踏み込み力

は最大で1トンを超えることがあり（筆者調べ）、逆に考えれば1トンの力を脚で支えなければなりません。踏み込み力に負けて体勢を作ることができなければ有効打となりません。脚の安定性も突破力を生みだす条件です。

これらのことから、体勢維持力を向上して突破力を身につけるためのポイントは「腕と竹刀を支える肩甲骨付近の力」「踏み込み力を支える下肢の力」「体当たりに負けない体幹の力」の三つをあげることができます。

トップアスリートは巧みに利用 姿勢反射で打突姿勢が円滑になる

突破力を向上させる方法のもう一つとして、姿勢反射について考えてみたいと思います。姿勢反射とは動物が持つ姿勢保持反応で、自分が意識しなくても重力に対して姿勢を自動的に維持する機能のことをいいます。トップアスリートの動きを分析すると、姿勢反射をうまく利用していることがわかっています。

言葉で説明してもわかりづらいので、実際に体験してみましょう。左ページの写真のように、まずは腕を体側におろしたまま素早くしゃがんでみてください。次に肘を曲げながら腕を上に突き上げるようにしてしゃがんでみてください。どちらのほうがしゃがみやすいでしょうか。腕を突き上げるほうがしゃがみやすいはずです。これは、四つん這いの姿勢の反射です。人間も動物ですから、四つん這いの姿勢の反射が残っているのです。

次はうつぶせの姿勢から、肘を伸ばして体を起こしてみます。まずはあごを引き、背中をまるめるような姿勢でやってみてください。次に、あごを上げて背筋を伸ばすようにしてやってみましょう。どちらのほうがやりやすいでしょうか。姿勢反射では、あごが上がっているほうが腕は伸ばしやすいのです。実際の剣道の打突の瞬間の写真を見てください。打突の瞬間はあごが上がっていることがわかります。

もう一つの反射を紹介します。壁を手で押してみます。そのときにお尻を後ろに突き出すようにして押してみてください。次にお尻を前にもっていくような姿勢で押してみましょう。姿勢反射としては、後ろに突き出すようにして押すと力が入ることがわかっています。ウエイトトレーニングのスクワットはお尻を後ろに突き出すように指導されますが、それはこの姿勢反射の意味もふくんでいます。

姿勢反射から考えると、先人の教えは理にかなっていることがわかります。構えでは視線を相手に向け、背筋を伸ばすようにして構えます。眼を離さずにその姿勢で打突すれば、自然とあごが打突の瞬間には上がります（構えのときからあごが上がっているのは禁忌）。打突の瞬間には手が伸びやすい状態になります。構えでひかがみ（膝の後ろのくぼみの付近）を伸ばしてみます。背

姿勢反射を体験

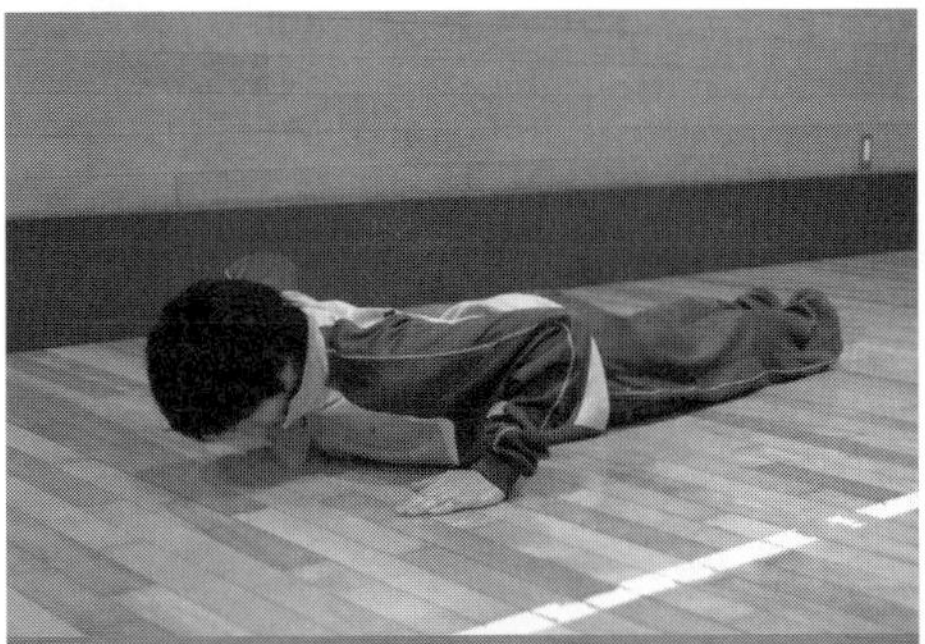

うつぶせの姿勢から肘を伸ばして体を起こす。あごを引きながら上げるより、あごを上げるほうが起こしやすい

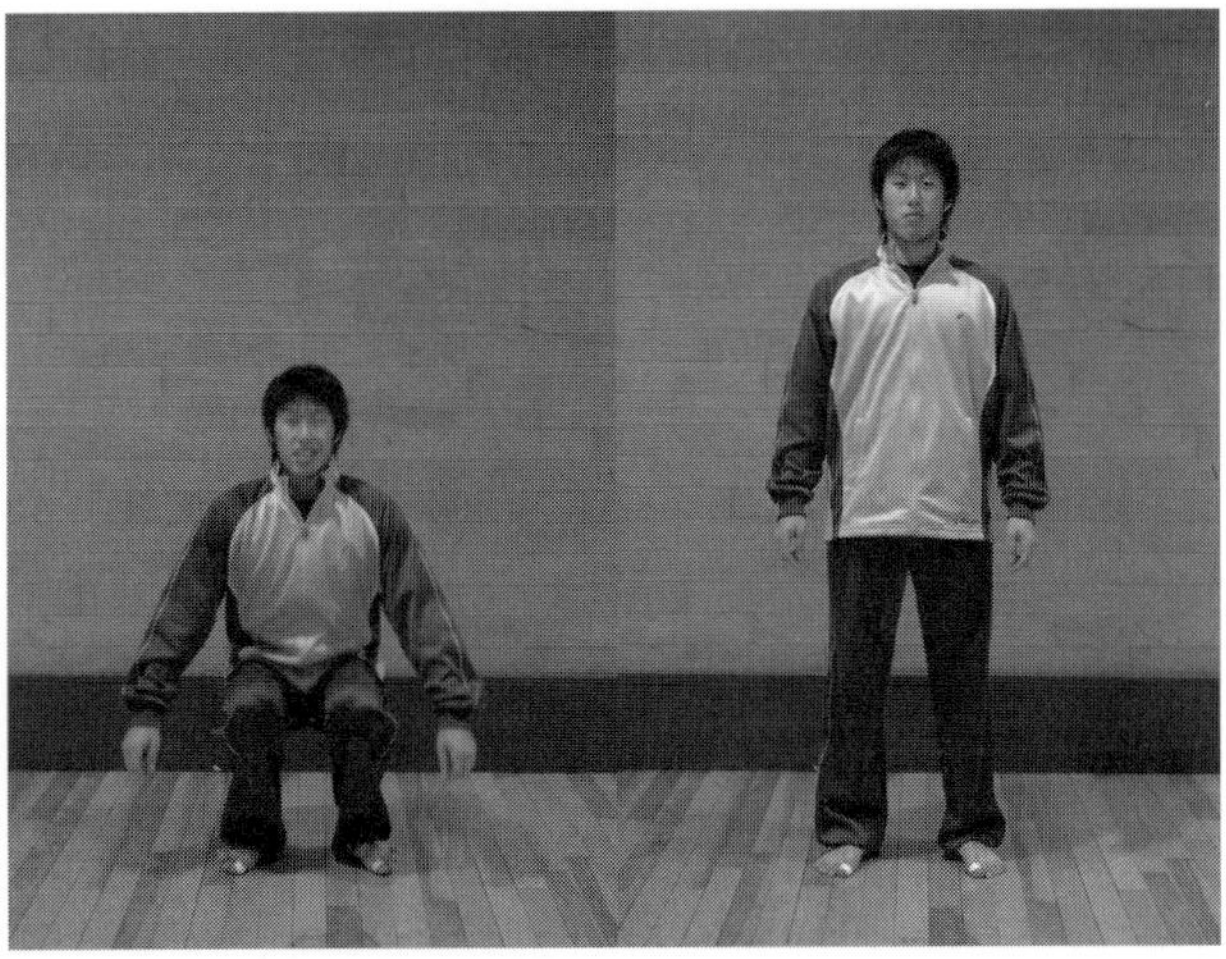

腕を体側におろしたまま素早くしゃがむ

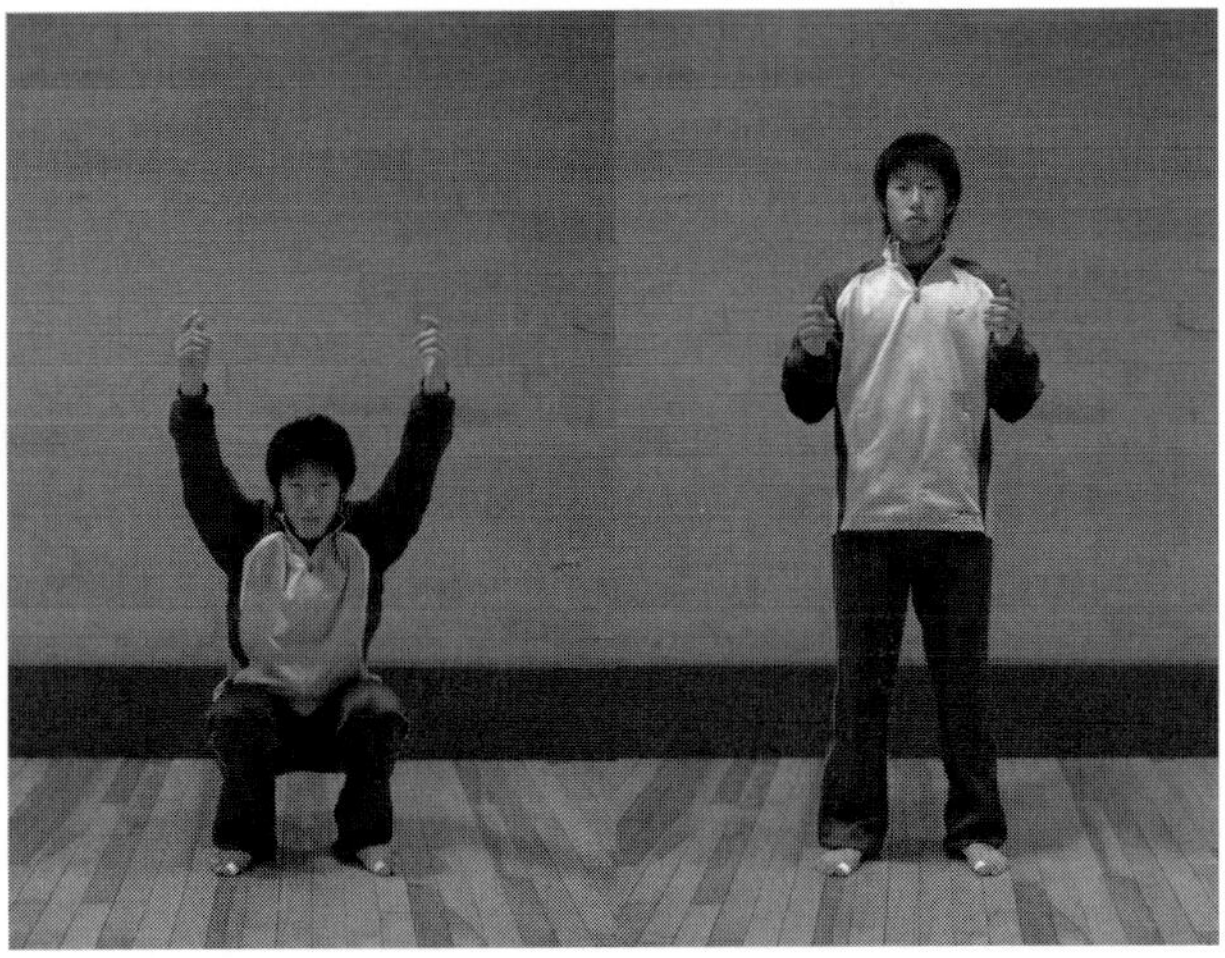

肘を曲げながら腕を突き上げるようにしゃがむ。腕を突き上げるほうがしゃがみやすい

筋がすっと伸び、お尻が後ろに突き出ます。先人の教えは姿勢反射もうまく利用していたわけです。構えでも打突時でも、この理想の姿勢を常に維持することができれば、より効率よく力を発揮することができます。突破力の向上には打突姿勢も重要です。

実戦における面打ち。自然とあごが打突の瞬間には上がる

人間も重力に引っ張られている こうして効率よく身体を動かそう

もう一つの突破力を向上させる方法として、打突時の体移動のスピードを向上させる方法が考えられます。体移動のスピードを上げるためには、蹴り脚の筋力の向上が思いつきます。それも重要ですが、効率よく体移動のスピードを向上させるためのちょっとしたヒントを紹介したいと思います。

重力を利用して打つ
体の力を抜き、右足の支えを床から抜き、重心を斜め前方向に軽く落とすようなイメージで前に出す。そして右足でしっかりと床を踏みしめるように踏み込んで体を起こす

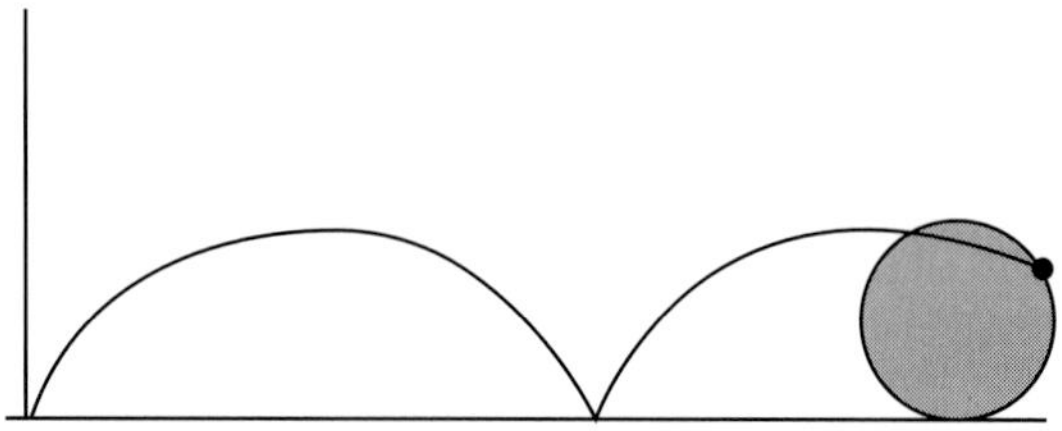

図　サイクロイド曲線

物理学の分野ですが、「サイクロイド曲線」というものがあります。これは、円が直線上を滑らないで転がるとき、その円周上の点が描く軌跡のことをいいます（次ページの図）。これが体の移動に関係しています。というのも、サイクロイド曲線をひっくり返した軌跡が、重力を利用するのにもっとも適した軌跡だからです。東京と大阪間は新幹線のぞみ号で2時間30分ほどかかります。しかし、サイクロイド曲線に沿って東京と大阪間にトンネルを掘ってそこに球体を転がすと、重力に引っ張られて球体はどんどん加速し（摩擦がないと仮定して）、中点で最高速度となります。そこからスピードは落ちていき大阪に到着で速度は0になります。この間の時間がなんと約10分程度と計算されています。運動でも、サイクロイド曲線に沿うように重心を移動することができれば、もっとも効率よく重力を使うことができるというわけです。

人間も体重計に表示される数字の分だけ、地球の重力に引っ張られています。これを利用しない手はありません。人間の体の重心は、へそのちょっと下の辺り（いわゆる丹田）の辺りということがわかっています（体が静止している場合の重心点）。このあたりを意識しながら、体の力を抜いて右足の支えを床から抜き、重心を斜め前方向に軽く落とすようなイメージで前に出ます。

最後は、右足でしっかりと床を踏みしめるように踏み込んで体を起こしていきます。サイクロイド曲線を利用するためのポイントは、余分な力を入れないことです。余分な力によって重心の位置が不規則になります。

コンタクト時の体勢維持の力をつけ、理想的な打突姿勢で重力をうまく利用する。力強くスピードのある打突をすることが突破力の向上につながります。

これが突破力開発トレーニングだ

運動は、その運動を行なうための主動筋と、その運動を補助する補助筋群によって行なわれています。たとえば、片足スクワットの姿勢で静止します。体重を支えている大腿の筋は主動筋になります。その姿勢で我慢していると、グラグラと体が揺れることがあります。

その揺れに対して、足関節や膝関節、股関節にあるさまざまな筋が細かく動きながらバランスをとっていることがわかります。その筋が補助筋群と呼ばれています。相手とのコンタクトでは、この筋が重要になります。面を打つという主動筋の動きに対して、相手とのコンタクトによって、その動きや体勢が邪魔されることになります。その邪魔に対するのが補助筋なのです。

したがって、体勢維持向上のためのトレーニングのポイントは不安定な姿勢でトレーニングを行ないますが、グラグラと揺れる体をできるだけキープすることです。

もう一つのポイントは、適切な姿勢を維持することです。今回紹介するトレーニングは、剣道の動作に近いものを選んでいます。突破力を向上させるためには打突姿勢が重要です。その姿勢をつくるためのトレーニングですから、トレーニング時の姿勢にも充分に注意をしてください。

構えと打突姿勢の強化～背部筋群～
仰向けになり手を頭の上に上げ、足関節を90度にした姿勢をとります。そこから背部の筋で体を支え、床と接地している面が、腕と頭、肩甲骨になるようにします。１回10秒から30秒程度です。

打突時の体幹と肩部の安定性強化１
腕立ての姿勢になり頭から踵までが一直線になるようにします。そこから片方の脚を膝を伸ばしたまま肩の高さまで上げていきます。この姿勢を３秒ほどキープしてから、元の姿勢にもどります。左右交互に行なってください。

打突時の体幹と肩部の安定性強化２
肘とつま先を床につき、肘関節と足関節を90度に曲げます。そこから右の腕のひらを内側に向けながらまっすぐ伸ばしていき、左の脚をゆっくりと上に上げていきます。最終的に、腕と下の脚が一直線になるようにします。この姿勢を３秒ほどキープしてから、元の姿勢にもどります。左右交互に行なってください。

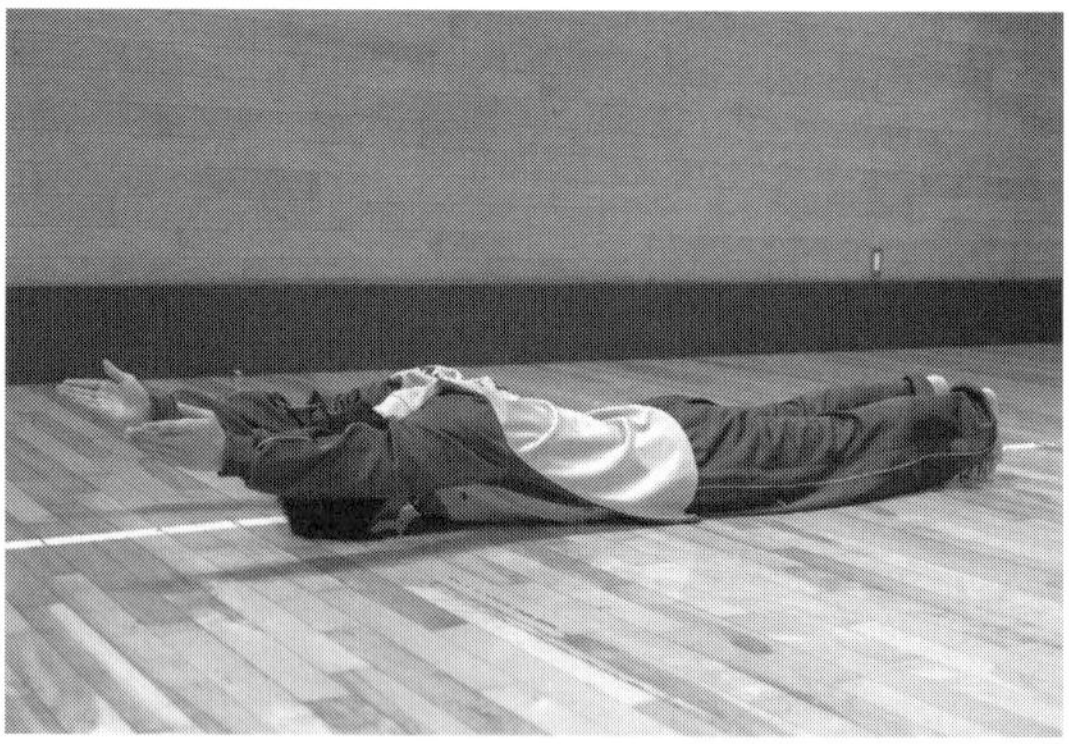

構え姿勢の強化～前面の筋群と肩甲骨付近～
うつぶせになり、あごを引いておでこを床に着けます。手は頭の上に伸ばし、床と触れないようにします。手のひらは上に向けます。足関節を90度にして、指先から踵までが一直線で床と平行になるようにします。１回10秒から30秒程度です。

打突姿勢の強化～肩部と下肢背部筋群～
仰向けになり肘を伸ばして手を床につき、足関節を90度にして腰部を持ち上げます。１回10秒から30秒程度です。

打突時の体幹の安定性強化
手と膝を床につき、膝と足関節を90度に曲げます。あごを引いて手のひらを内側に向け、右腕と左脚を伸ばしていきます。このとき、指先から踵までが一直線になるようにします。１回10秒から30秒程度で、反対側も同様に行ないます。

踏み込み時の脚の安定性強化1
脚を前後に開き、前の脚の膝を90度に曲げます。後ろの脚の膝をつけないようにしてつま先で体を支えます。両手を上に上げ、股関節は90度をキープします。１回10秒から30秒程度です。

踏み込み時の脚の安定性強化２
まっすぐに立った状態から、片方の脚の膝が伸びた状態で前に出していきます。体を支える脚の膝はバランスをとりながら曲げていきます。30度ほど前に出したところで、その脚と一直線になるように腰から上を後ろ側に倒していきます。一直線になったところから、両腕を上げていき腕と前に出した脚が一直線になるようにします。１回10秒から30秒程度です。

踏み込み時の脚の安定性強化３
バスタオルとボールを用意します。バスタオルは丸めてください。バスタオルを右足で踏み、後ろ足の甲をボールに置き、腰を落とします。バランスをとりながらボールを前後に移動させます。30秒程度、これをくり返します。

左右への体移動時の脚の安定性強化
バスタオル二つを丸めます。脚を開いた状態でバスタオルの上に立ち、下を向かず背筋は腰から上の背筋はまっすぐに伸ばします。バランスをとりながら左右に重心を移動します。

左右方向への脚の安定性強化
横向きになり膝を伸ばし、腰を持ち上げて肘と脚で体を支えます。そのとき頭から床側の脚が一直線になるようにします。上側の膝を曲げてできるだけ胸に近づけていきます。そこから、最初の姿勢にもどします。これをできるだけ早く10秒から30秒程度くり返します。そのとき、決して一直線にした姿勢を崩さないようにします。

打突姿勢の安定性向上～打突姿勢の再現～
仰向けになります。片方の脚の股関節と膝は90度に曲げて上に持ち上げます。両手で持ち上げた膝を支えます。もう一方の脚はまっすぐに伸ばし、両足関節は90度にします。そこから、伸ばした脚の踵で尻を持ち上げ、踵と肩甲骨付近で体を支え、持ち上げた膝は胸に近づけ、それを両手で押さえつけます。１回10秒から30秒程度です。

打突時の下肢と上体のバランス向上
仰向けになります。片方の脚の股関節と膝は90度に曲げて上に持ち上げます。もう一方の脚は足裏を床につけて尻を持ち上げ、足裏と肩甲骨付近で体を支えます。その姿勢を保ちながら胸付近でボールをトスします。30秒程度、これをくり返します。

構えと打突時の頸部背部の安定性強化
起立姿勢で、頭の後ろで手を組み、膝を軽く曲げます。お尻は軽く後ろに突き出すようにします。その姿勢で、頭部は後ろに、手はそれを押さえつけるようにして、力を発揮します。胸を張って下を向かないように注意します。１回10秒から30秒程度です。

ミッション8 夏でも継続間違いなしの簡単トレーニング

夏場のリスクを理解すると稽古が持続可能になる

トレーニングを指導させていただいている立場にいると、むずかしい質問を受けることがあります。最近でもっとも困ったのは「夏場にはどんなトレーニングが有効か」という質問です。ウォーミングアップであれば、夏期と冬期では気温の影響があるために、若干の違いはあります。では、トレーニングとなるとどうでしょうか。試合シーズン、鍛錬シーズンといった期分けでトレーニング内容に差があることはありますが、私自身、これまで季節でトレーニング内容を考えたことはありませんでした。

考え方を変えてみます。夏に避けたほうがよいトレーニングはありそうです。日本体育協会によるスポーツにおける熱中症予防のための気温の指標においては、24度から28度で「注意」、28度から31度で「警戒」、31度から35度で「厳重注意」、35度以上は「運動は原則中止」とされています。２００７年８月の東京の気温をみると、最高気温においてはそのほとんどが厳重注意から原則として運動中止の範囲にあり、最低気温でも注意の範囲にあります（図１／気象庁観測データ）。

さらに剣道着と剣道具を着用した場合は、運動で発熱した体温を逃がさないために、その危険性を上乗せして考える必要があります。気温30度の環境で剣道具と剣道着を着用しての30分間運動

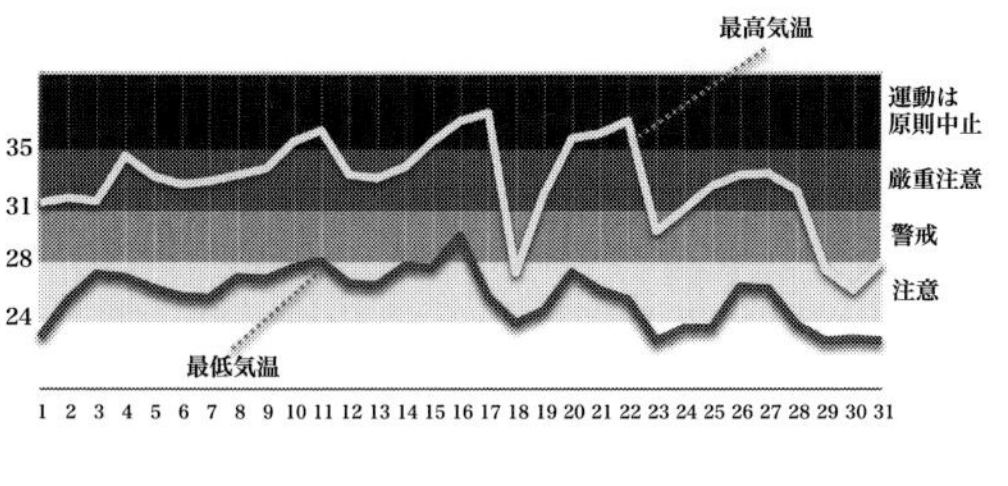

8月の東京（大手町）の気温（2007年）

図1

気象庁観測データより作表

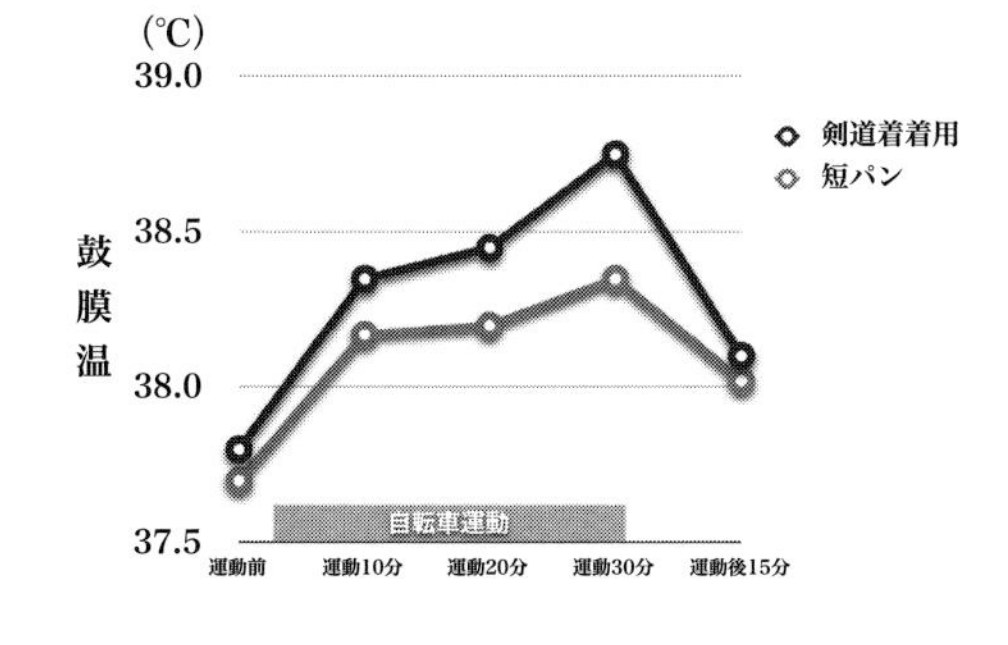

図2

剣道具と剣道着を着用した運動時の鼓膜温（暑熱環境下）

齋藤ら（1996）より改変

した場合、皮膚表面の温度で約3度、鼓膜の温度で約0・5度の体温差が生じることがわかっています（図2／齋藤ら、1996）。実際に熱中症死亡者の統計をみても、室内競技としては剣道がもっとも多いことが報告されています。

これらのことから考えると、医学的見地のみでいえば、剣道の稽古そのものが夏場には避けたほうが良いトレーニングのひとつといえてしまうでしょう。だからといって止めるわけにはいかないのが剣道の稽古。前項のような剣道における夏場の稽古の危険性を充分に知った上で、充分な準備と対策をもっていれば、事故を起こさずに稽古を継続することは充分に可能です。

その対策のひとつとして加えたいのが、稽古内容の工夫です。炎天下でマラソンをするのを避けたほうがよいのと同様に、高温環境下で何十分、何時間も剣道具をつけて稽古を続けるのは避けるほうがよいでしょう。しかし、稽古をしなければ技術面の向上は望めません。

そこで今回は夏場のトレーニングとして、剣道着と剣道具を着用しなくても技術面の向上が期待できる技術トレーニング方法を紹介したいと思います。

これが夏こそおすすめ技術トレーニング

イメージトレーニング
デジカメの動画機能を使い、技術分析をします。自分の打突姿勢を録画し、そこから修正点をみつけ、理想のイメージでゆっくりとした打突の軌道を身につけます。たとえば足の始動状態、手の内の軌道などに注目し、欠点があればそこを修正していきます。

スロー素振り

素振り用木刀、もしくは竹刀２本を使ってゆっくりと振ります。切り返しの動作もゆっくりと行ないます。ゆっくりと行なうことで、関節への負荷が少なくなり、筋の動員も多くなり、理想の軌道を身につけることができます。

スロー足さばき

踵《かかと》はつけず、膝を伸ばさないでゆっくりと移動します。方向の転回（ターン）、引いてからの前移動など、足のさばき方をイメージして、ゆっくりと確実にそれを行なうようにします。腰を落とすのは筋力アップを狙っています。

夏期稽古チェック表でいまを把握してみよう

打突姿勢維持
打突のフィニッシュ姿勢で体を維持します。フィニッシュの姿勢を頭に入れることで、終局をイメージできます。これをくり返すことで安定性も高まります。

夏期の暑熱環境下で行なう稽古には、必ず熱中症の危険が潜んでいます。残念ながら、剣道での熱中症による死亡者数は、室内競技でもっとも多いことが報告されています。稽古を行なう本人はもちろんのこと、稽古を統括する指導者や責任のある立場の方は、稽古に適した環境なのか、稽古に適したコンディションなのか、暑熱環境下で行なうのに適した稽古内容なのかを事前・事後にチェックする必要があります。

そこで簡単なチェック表を紹介したいと思います。このチェック表は、熱中症を予防するという観点から必要と考えられる項目で作成したものです。

稽古前のチェック 道場の環境はどうなっているか

●稽古に適した気候（気温・湿度）か

熱中症予防のための指標のひとつとして、気温（乾球温）があります。それによると、24度から28度で「注意」、28度から31度で「警戒」、31度から35度で「厳重注意」、35度以上は「運動は原則中止」とされています（日本体育協会）。道場に乾湿計を用意し、今日の気候が稽古に適しているのかをチェックします。

●道場の風通しが良いか

風は汗の気化と皮膚表面からの熱の放散を助け、体温を下げてくれます。道場の風通しをチェックしましょう。

●AEDが利用できる場所にあるか

汗による脱水によって心臓発作（心室細動）が発症しやすくなることがわかっています。救急車が到着する前に少しでも早く蘇生ができるよう、学校や公的スポーツ施設にはAEDが設置されるようになってきました。しかし設置されていたとしても、実際に使用しなければならない場面で、どこにあるのかがわからずに右往左往してはまったく意味がありません。

●水分が準備できているか

水分はミネラルを含んだもの、スポーツドリンクがもっとも適しています。稽古前、稽古時（面を着けたまま飲むのであればストロー付きの容器を用意）にすぐ飲めるよう準備します。

●氷が準備できているか

万が一、熱中症の症状が疑われる場合には、氷嚢《ひょうのう》を首（頸動脈）や脇の下、足の付け根（そけい部）に当てて体を冷やすことが必要になります。また、稽古間の休憩時に氷嚢で体をクールダウンすることで、体温の上昇が抑えられ、その後の稽古が快適に行なえることがわかっています。

身体のチェック 夏使用になっているか

●1週間ほど高温環境下で運動を行なっているか

33度から35度の実験室で、じっくりと汗をかくような運動を1時間から2時間行なった実験の結果によると、ほぼ4日から5日で約8割程度、暑熱環境にも慣れてくることがわかっています。このことを「馴化《じゅんか》」といいます。

暑熱環境への馴化では、発汗率の上昇、皮膚表面からの熱の放散効率の増加、血液の変化（浸透圧など）が起こります。稽古を始める前に、暑熱環境に馴化するだけの運動を行なっているかのチェックが必要です。

●水っぽい汗（塩分濃度の低い）をかくようになったか

馴化した場合、たくさん汗をかくことができるように、塩分濃度の低い汗をかくようになります。主観的ではありますが、汗の質と量が変わってきたのなら馴化した証拠です。

●稽古前の体重はどうか

汗は1回の稽古で2リットル以上出ることは珍しくありません。前日と比べて体重が落ちたというのは、脂肪が燃焼したということではなく、ほとんどが水分として失われた分と考えて問題はないでしょう。

できれば道場に体重計を設置して、体重の変化を観察するようにしてください。前日の体重よりも大きく違うようであれば、水分が回復していない可能性があります。その場合、稽古前の水分をあらかじめとっておくようにします。

●体調はよいか

熱中症には稽古前の体調が大きく関わります。体調が悪いときには、いつも通りの稽古であっても熱中症につながる場合があります。

●下痢をしていないか

下痢症状時では多くの水分を失います。また食欲不振の場合も水分が吸収できないことがあります。

稽古時のチェック

休憩時間と水分摂取の確保

●休憩時間を確保しているか

暑熱環境下での運動の場合（28度から31度の警戒域の場合）、30分に1回の休憩を入れることが適切と考えられています。馴化の程度にもよる部分ではありますが、適切な休憩を入れることができる稽古体制になっているかチェックします。

●稽古時に水分摂取ができるか

暑熱環境下では、15分から20分に1回水分摂取することが奨められています。喉が渇いたと感じたときに飲むのが適切ともいわれます。剣道具を着用しているとそこまでは難しいかもしれませんが、できるだけひんぱんに水分摂取できるような工夫が必要です。ストロー付きの容器を使うと面を着けたままでも水分摂取できます。

稽古後のチェック

脈拍・呼吸・体重の管理

●脈（心拍数）が低下したか

脱水状態では体を巡る血液量が低下するため、脈が速くなります。暑熱環境に馴化していたり、適切な水分摂取がなされていれば稽古後にスムーズに脈が低下します。なかなか脈が低下していかない場合は、そこから熱中症となる場合がありますので、注意が必要です。

●呼吸数が低下したか

呼吸数が低下しないのも危険信号のひとつです。そこから熱中症となる場合がありますので、注意が必要です。

●体重が稽古前まで回復したか

稽古で失った大量の汗は、稽古後の水分摂取ですぐに取り戻すことはできません。食事を済ませた就寝前に体重を量り、稽古前の体重に戻っていることを確認します。その時点で回復していないようであれば、脱水から回復していない可能性があります。

夏期稽古チェック表

①稽古前のチェック	
1）今日は稽古に適した気候（気温，湿度）である．	
2）道場の風通しが良い．	
3）AEDがすぐに利用できる場所に設置されている．	
4）道場に水分（スポーツドリンク）が準備できている．	
5）氷がすぐに準備できる．	
②馴化・コンディション	
1）１週間ほど高温環境下で運動を行っている．	
2）水っぽい汗（塩分濃度の低い）をかくようになった．	
3）稽古前の体重が，前日と変わらない．	
4）体調が良い．	
5）胃腸の調子は良い（下痢をしていない）．	
③稽古	
1）稽古時に適切な休憩時間を確保できている．	
2）稽古時に適切なタイミングで水分摂取ができる．	
④稽古後のチェック	
1）稽古終了後，スムーズに心拍数（脈拍）が低下した．	
2）稽古終了後，スムーズに呼吸数が低下した．	
3）就寝前の体重が稽古前まで回復した．	

ミッション9 冬場のストレッチ&簡単トレーニング

身体が変わる5つの要因

体重増加、筋肉の硬化があなたのパフォーマンスを低下させる

剣道にはオフシーズンはないといいますが、年間を通してみると、冬の時期は激しく稽古を行なってきた春から秋までと比較すれば、一般的には稽古量が落ちる時期でもあります。社会人であれば年末は決算などの慌ただしい時期であり、忘年会などの会合も続くことでしょう。学生であれば年始からは試験が続きます。大会のスケジュールを見ても、冬期に組まれる試合は比較的少ないようです。

正月を挟んで、稽古が少なく食生活に変化が大きいこの時期を過ぎた後、意気込んで稽古に参加したところ、「身体が思うように動かない」、「竹刀を握った感覚がおかしい」といった経験をした方は少なくないでしょう。これは当然ながら、稽古をしていなかった、あるいは身体を動かしていなかったということで、身体に変化が起こった結果です。

このときに起こりうる身体の変化には、次の5つを挙げることができます。

冬場の身体の変化
5つの要因

1. 体重の増加
2. 関節可動域の低下
3. 筋力の低下
4. 筋—神経系の連携の低下
5. 持久力の低下

体重の増加
とくに体脂肪率上昇に注意

体重の増加がパフォーマンスを低下させることは、想像するのに難しいことではありません。実際に、模擬的に脂肪を体に装着して「30メートル走」と「反復横跳び」を行なった研究（図1）

では、体脂肪を増やすほど記録が落ちることがわかっています。一方、脚筋力が高いほど、模擬脂肪をつけたときの反復横跳び回数の低下率が低いことがわかっています。このことから、体重増加によるパフォーマンスの低下を防ぐためには、体重を増加させないことに加えて、脚の筋力を維持・向上させることが重要ということがわかります。

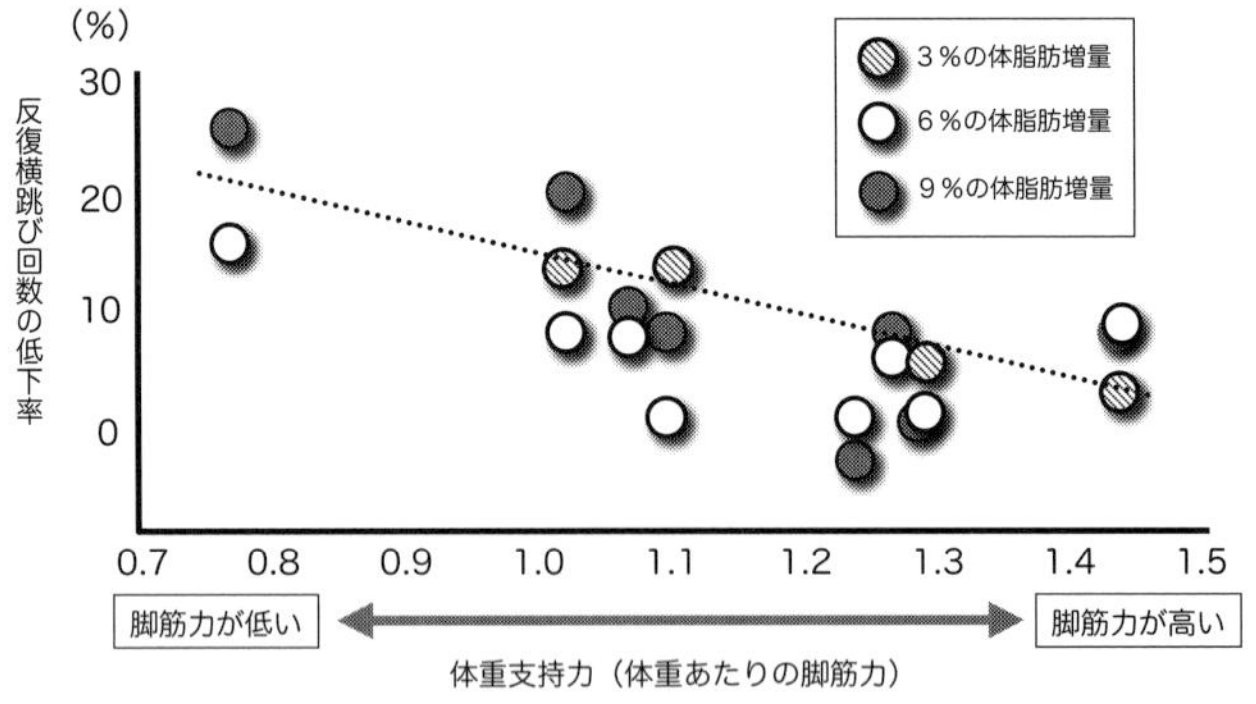

模擬脂肪装着によるパフォーマンス低下と体重支持力との関係

（高橋ら，2001より作成）

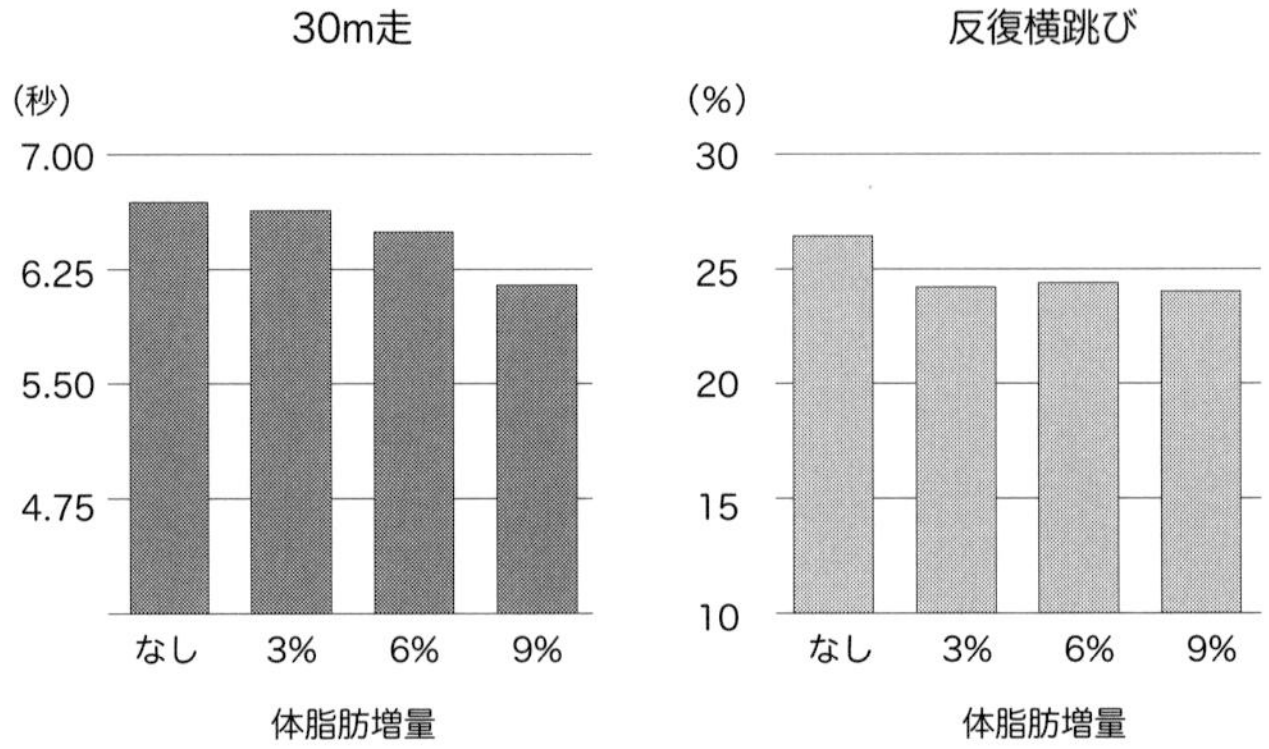

模擬脂肪装着によるパフォーマンス低下

（高橋ら，2001より作成）

関節可動域の低下 捻挫、脱臼の原因になる

関節可動域というのは、関節が動く範囲のことをいいます。関節可動域が広いと、大きな範囲でパフォーマンスが発揮できるというメリットがあります。逆に狭いと捻挫《ねんざ》や脱臼《だっきゅう》などのケガの原因となるデメリットがあります。この可動域はおもに筋の硬さによっても左右されます。つまり、関節可動域が広いということは、筋が柔らかいということになります。筋は動かしていないと硬くなっていきますので、稽古がないときにもストレッチングを行なって筋を柔らかくして、可動域を確保しておく必要があります。

筋力の低下 戻るのに3週間かかる?

稽古をしないことによる筋力の低下については、稽古以外の運動習慣の影響もありますから、その影響についてははっきりとしたことはいうことができません。ここでは、極端な例として宇宙医学の研究例を紹介したいと思います。

宇宙では無重力のため、筋には負荷が加わりません。そのときの生理学的な影響を研究するため、1日中まったく動かないベッドレスト（完全休養する）という実験があります。ベッドレストを行なった場合、翌日から筋肉量が低下し、ベッドレスト3週間で下肢の筋肉は15パーセントくらい細くなり、筋力も20パーセント低下することがわかっています。また1週間ベッドレストすると元に戻るのに3週間かかることも報告されています。正月休みに1週間ゴロゴロとした生活をしていたことを思い出すと、恐ろしくなってきます。

筋—神経系の連携の低下 持っている筋力を発揮できない

ウエイトトレーニングをしたことがある方は、経験したことがあるかもしれません。トレーニングをはじめてすぐに挙げられる重量の記録が増えていくのですが、そのうちにあまり記録が伸びなくなってしまいます。トレーニングをはじめてからすぐに記録が伸びるのは、運動に参加する筋が増加したことによります。つまり、高重量に挑戦しているうちに、神経と筋の連携がよくなっているのです。稽古を中止していると、この連携が解消されてしまい、持っている筋力を発揮できなくなってしまうのです。

持久力の低下 使わないと確実に落ちる

持久力（有酸素能力）は、肺で酸素を取り込む能力、赤血球が酸素を運ぶ能力、毛細血管の発達の程度などなど、さまざまな要因で構成されています。筋力と同様にこれらも使われないと、その能力を失っていきます。

このような身体の変化が起こっている上に、冷え込む道場で急に稽古を行なえば、大きなケガにつながる可能性は極めて高くなるでしょう。また、冬期には寒稽古という激しい稽古もあります。この時期の稽古不足は、みずからケガをする土台をつくっているようなものです。

そうかといって、稽古する機会が少なくなってしまうこの時期、少し考え方を変えてみます。筋力の強化や柔軟性の獲得などによって自分の弱点の克服する、いわば身体のメンテナンスを行なって、万全の状態で次期の稽古を迎えてみてはいかがでしょうか。

今回は、道場（体育館）、たたみ一畳、公園、職場といった場所でできる、剣道のためのストレッチングとトレーニングを紹介します。

身体メンテナンス　サーキットストレッチ

硬くなった筋肉をストレッチで柔らかくする。反動を使わず、呼吸を意識して筋肉をゆっくりと伸ばそう

全身の伸展
組んだ手を上に伸ばす。踵は上げない

上腕三頭筋
片方の肘を頭の後ろにもっていき、手でゆっくりと引っ張る

頸部後面
手を頭の後ろで組み。手の重さを利用して頭を前に倒す

体側
脚を肩幅程度に開き、手をクロスさせた状態で体を横に倒していく

僧帽筋
手で頭を横に倒す。伸ばされる側の手は床を押すようなイメージで手のひらを床に向ける

三角筋
片方の肘を胸に近づける。肘を曲げたり、手を絡ませると伸びる場所が変わる

肩甲骨外旋
三角筋伸展のポジションから親指を持つ。親指をもつことで、背中側の筋も伸びる

肩甲骨１
手を頭の後ろで組み、その肘の高さ（ゼロポジション）を保ちながら手をはなしてバンザイの状態にする。肘の位置はそのままで手を前、後ろに倒す。肩甲骨に着く筋が伸ばされる

上半身

上腕二頭筋
壁に向かい、腕を斜め45度にして壁に押しつける。顔は腕と反対側を向く

肩甲骨2
手を背中側にもっていき、その状態で肘を前に引っ張る

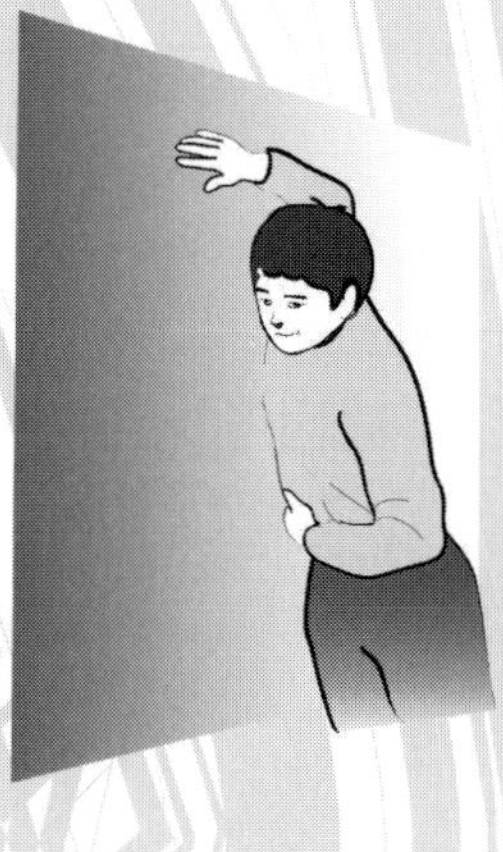

広背筋
壁に向かって横に立つ。肘を曲げて頭の上で壁に押しつける（手の方向は顔側に）。脇下が伸ばされる感覚

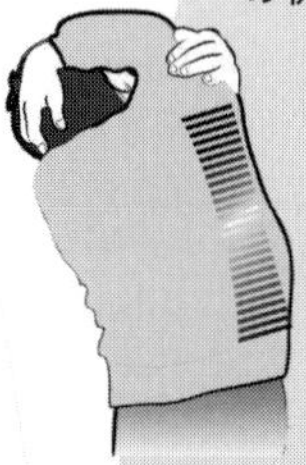

広背筋
肘を挙げ、もう一方の手は前側から肩口を持ち、その状態で体側を伸ばす

上腕の捻り
腕を横側に水平に伸ばし、一方の腕は前側に捻り（内旋）、もう一方は後ろ側に捻る（外旋）

手首
手を組んで肘を伸ばした状態で腕を捻り、上側になった手を下に倒すようにして引っ張る

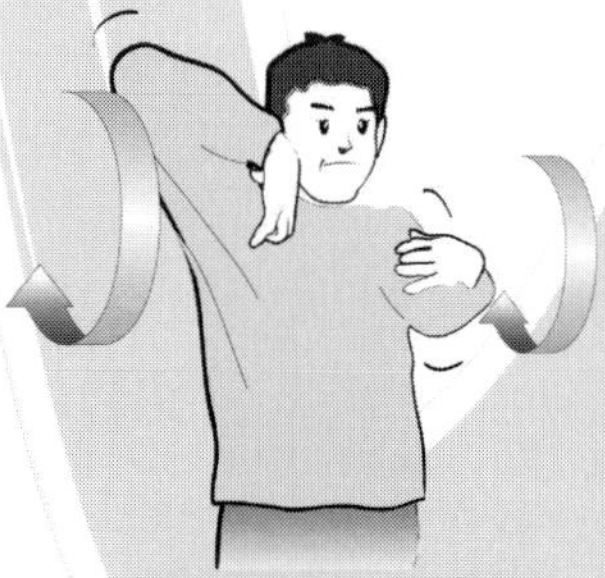

上腕の回旋
肘を曲げ、手は肩口にもっていった状態で、腕を前後に回す

指
手のひらに一本ずつ指を押しつけるようにして指を伸ばしていく

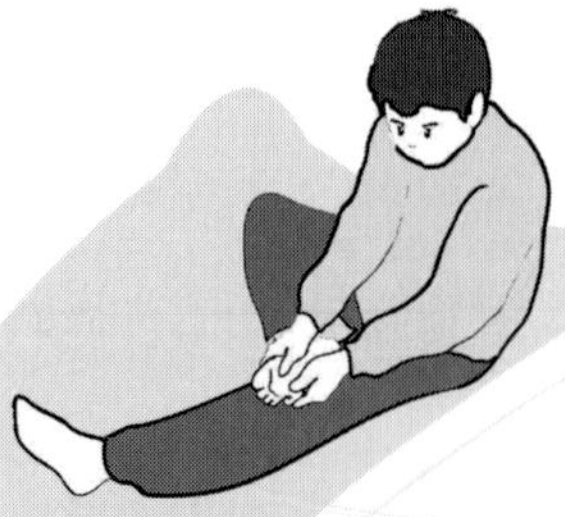

足ほぐし
足裏を親指で揉む。片足ずつ３分から５分

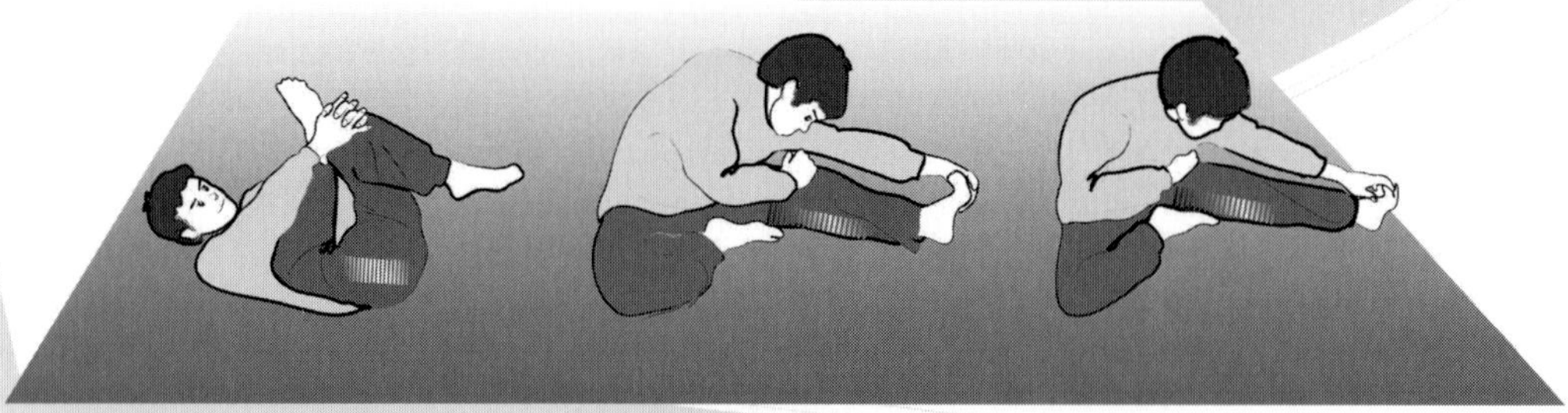

ハムストリング１
脚を伸ばした状態で体を倒していく。膝の裏付近が伸びる

ハムストリング２
膝を軽く曲げた状態で体を倒しておき、そこから膝を押し下げていく。大腿の裏付近が伸ばされる

ハムストリング上部
仰向けの姿勢で、片方の足関節（くるぶし）をもう一方の膝に引っ掛けるようにする。膝を両手で体に近づけていく

股関節１
片足を伸ばし、もう一方は曲げる。そこから体を前に倒す

股関節２
足の裏を合わせ、肘で膝を押し広げるようにする

股関節３
前後に脚を開き、前側の脚の下に腕をくぐらせる。くぐらせた腕を利用して股関節付近の筋を伸ばす

下半身

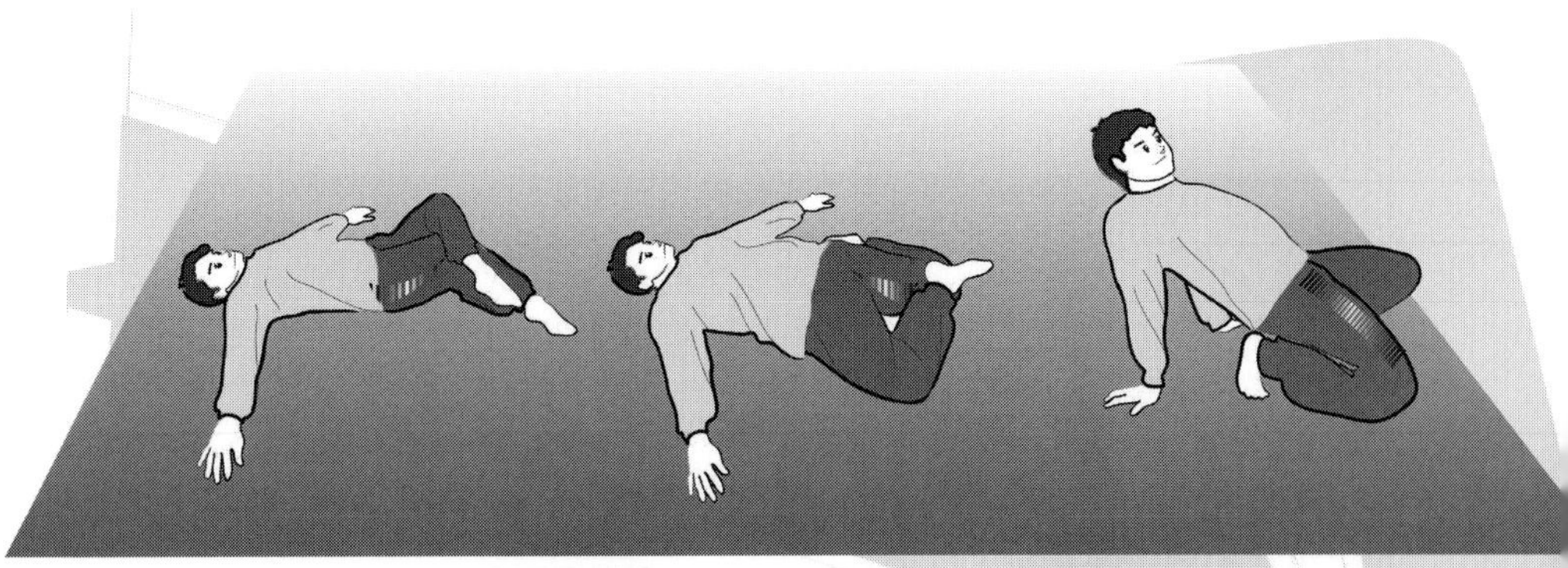

小臀筋
仰向けの姿勢で膝を曲げて、その膝を反対側に倒す。もう一方の脚を絡めるようにするとより深く膝を倒すことができる

大腿四頭筋
仰向けの姿勢で一方の膝を曲げる。その膝が持ち上がってくるので、その上にもう一方の脚を乗せる

股関節4
正座の姿勢でつま先を立たせる。手を後ろにつき、胸を反らすようにして、一方の膝を持ち上げると、もう一方の脚の股関節から大腿の筋が伸ばされる

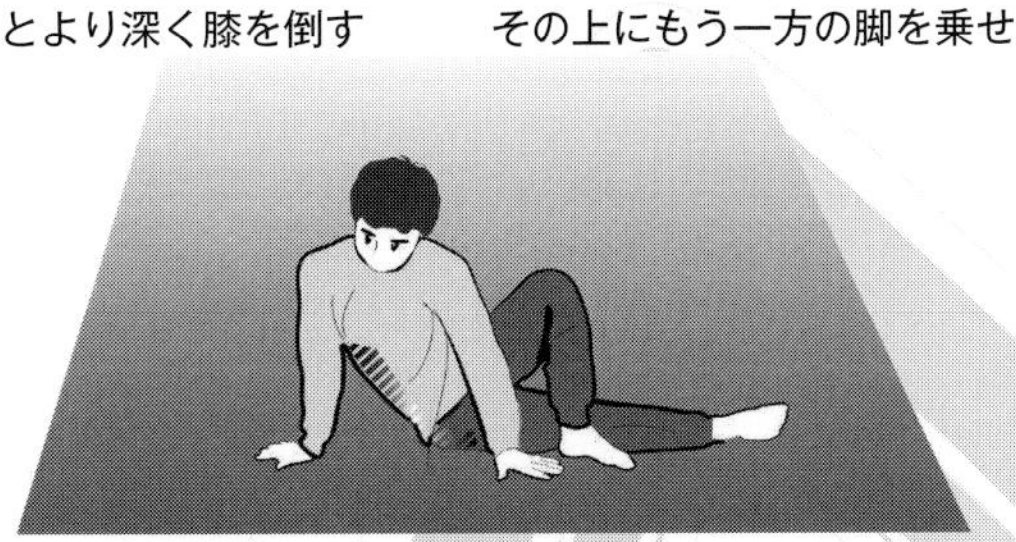

大腿外側
体を横にして、両手で体を支えるようにして上体を起こす。体の前で一方の脚を立て膝の状態にする。体側が伸ばされる

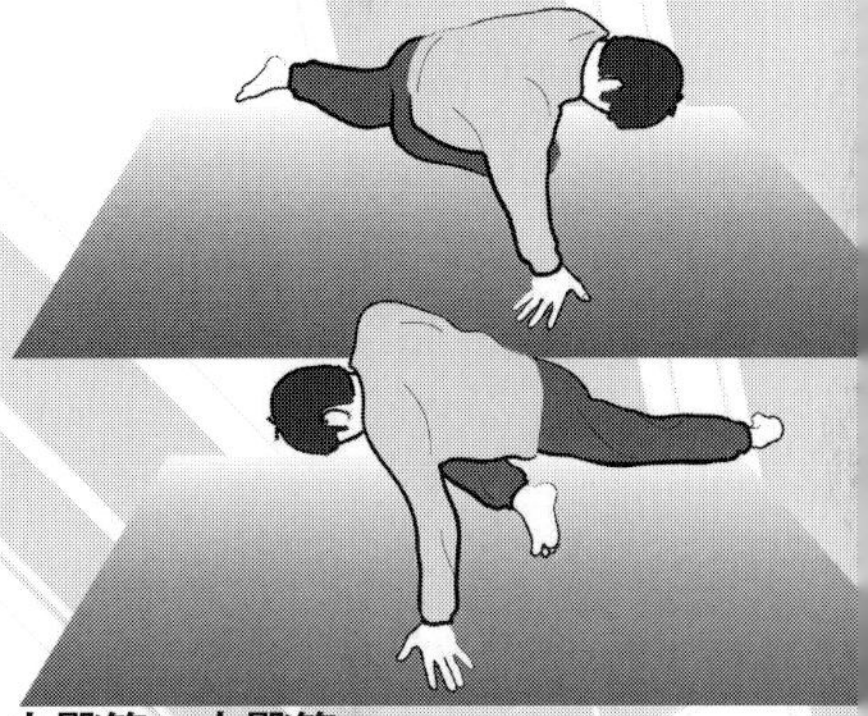

中臀筋・大臀筋
うつぶせの姿勢で、一方の膝が胸の中心付近にくるようにして、その膝を胸で挟むようにして床に押しつけていく。もう一方の脚は後ろに伸ばす。曲げた脚側の尻は持ち上げて、膝の上に体が乗っかっているようにする

下腿1
腕立ての姿勢をとり、一方の脚をもう一方の足関節あたりに乗せる。尻をあげていくと下腿（ひふく筋）が伸ばされる

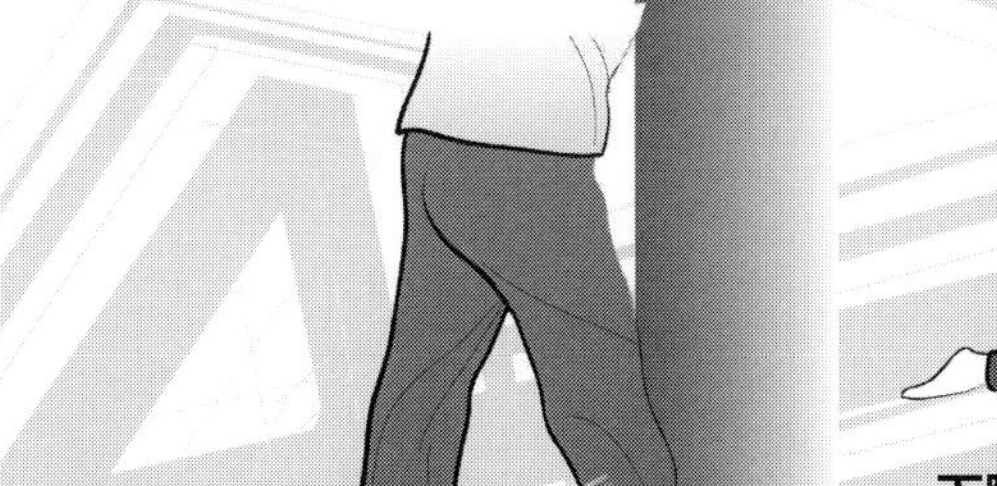

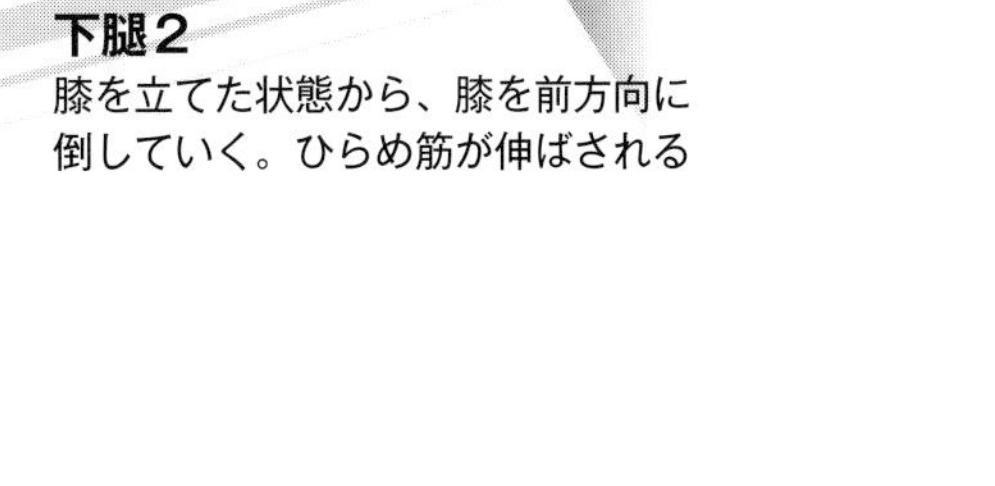

下腿2
膝を立てた状態から、膝を前方向に倒していく。ひらめ筋が伸ばされる

下腿3
壁に足先を押しつけ、膝を伸ばした状態で脚を壁側に近づけていく。ひふく筋が伸ばされる

これが剣道に効く簡単トレーニング

道場、たたみ一畳、公園、職場。いつでも気軽にできる簡単トレーニング。普段の心がけがあなたの剣道に変化をもたらす。少しの工夫で強くなろう

レッグランジウォーク
大きく前に踏み出すようにして、前後に開脚しながら前に進む。股関節につく筋の柔軟性が向上し、脚の筋力が向上する

ヒールウォーク
つま先を上げた上体で、踵で歩く。足関節につく筋が柔軟性向上する

ジグザグ移動
軽く斜め前方向にジャンプし、片足で着地する。着地後は片足で踏ん張るようにしてバランスをとり、安定したら次のジャンプを行なう。脚の筋力強化とバランス能力が向上する

道場篇　ウォーク・ラン系

バックスキップ
後ろに進みながらスキップする。バックステップ（引き足）のトレーニング

スキップ
膝を高く上げるようにしてスキップをする。神経―筋のリズムの向上と、股関節の動的柔軟性が向上する

ブレーキング
数メートルダッシュし、目印になるようなところ（試合の開始線など）で急ブレーキをかけて止まる。ブレーキは、小刻みなステップを踏みながら止まること。止まったあとは、膝を軽く曲げた状態でバランスを保つ

※足袋や軍足を利用し、あえて足が滑りやすい状態にして行なうトレーニング。重心のコントロールや神経―筋の連携の向上、調整力の向上などが期待できる。

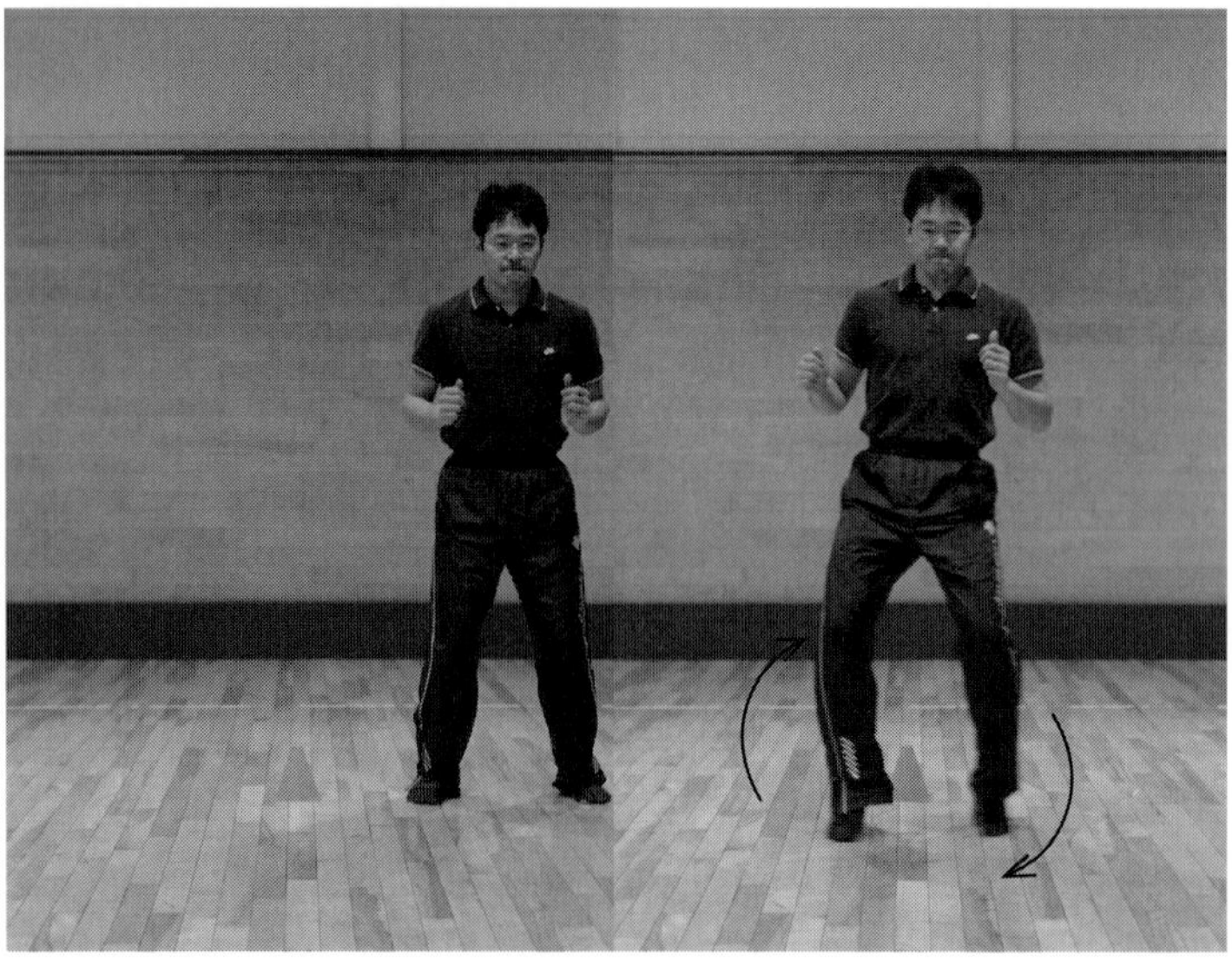

サークルステップ
目印を置き、そのまわりを基本姿勢を保ちながら素早く回る

サイドステップ
基本姿勢は、脚を肩幅よりやや広めに拡げ、踵は紙が１枚分上げ、膝を軽く曲げる。目線は正面とし、頭が下に下がらないようにする。重心を上下動させない

道場篇　スケーティング

スケーティング（シャッフル）
スケートをするように、斜め前方向に足を踏み出しながら移動する。体が前に倒れすぎると足が滑るので、体を起こして湧泉とよばれる足のくぼみで踏ん張るようにする

バックスケーティング（シャッフル）
後ろ方向にスケーティングを行なう

道場篇　スケーティング

連続ステップ

足を滑らせ細かく素早いリズムでステップを刻みながら前に進む。膝は軽く曲げる

連続送り足

連続ステップと同じ素早いリズムで送り足をする。右足を前に行なうだけでなく、左足を前にしても行なうこと

たたみ一畳篇　筋力系

座布団スクワット

座布団などで足もとを不安定な状態にしてその上に立ち、踵を軽く上げた状態で両足、もしくは片足で膝を曲げ伸ばしする。膝関節周囲の筋力とバランスが向上する

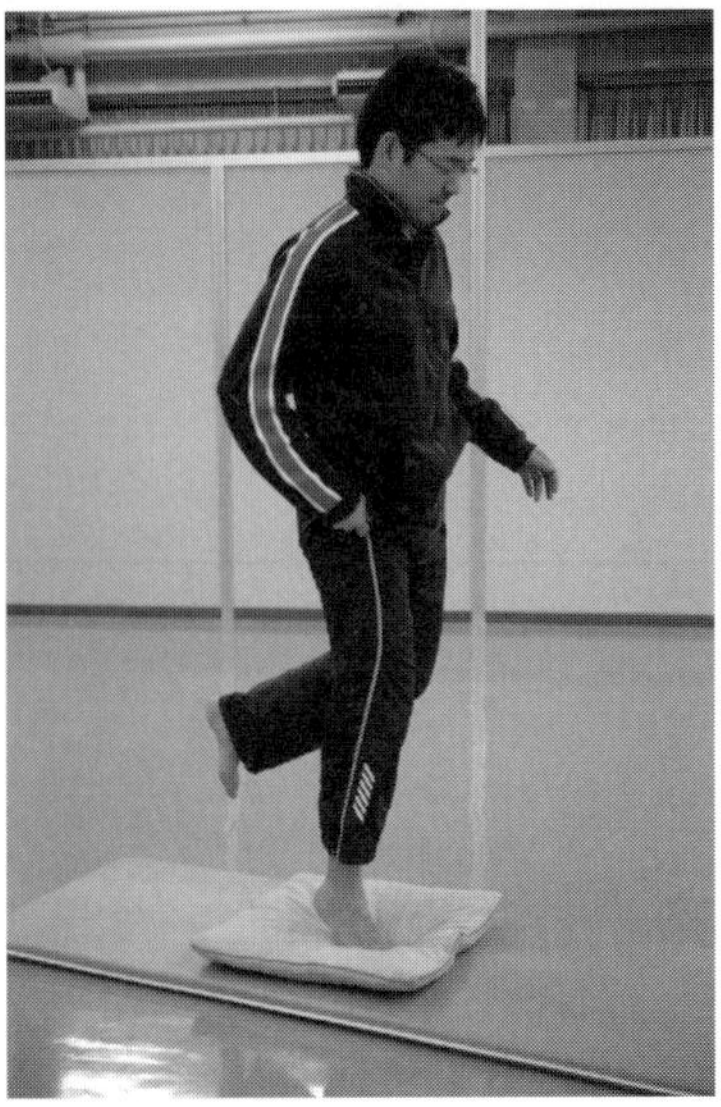

座布団カーフレイズ

座布団などで足もとを不安定な状態にしてその上に立ち、両足、もしくは片足で踵の上げ下げをする。膝は軽く曲げた状態にする。足関節周囲の筋力とバランスが向上する

膝寄せ腹筋

仰向けになり、体を起こすと同時に膝を体に寄せる。腹筋力の強化

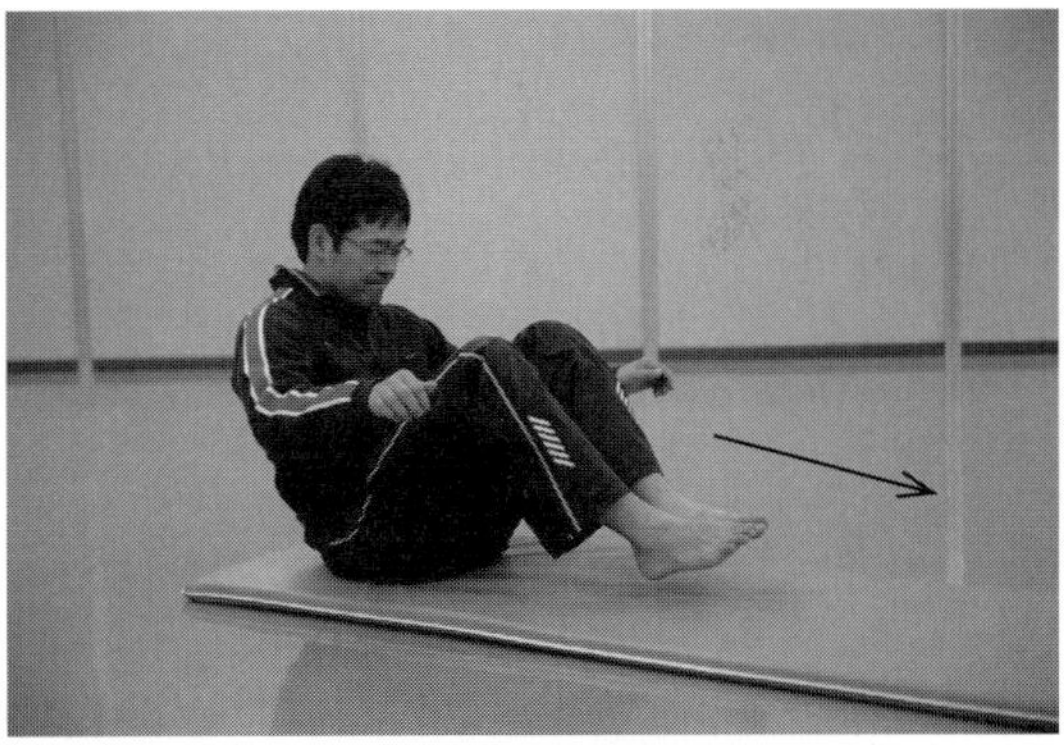

ヒップウォーク

脚を持ち上げた状態でバランスをとりながら、尻を左右交互に使いながら前に進む。体幹の筋が強化される

たたみ一畳篇　筋力系

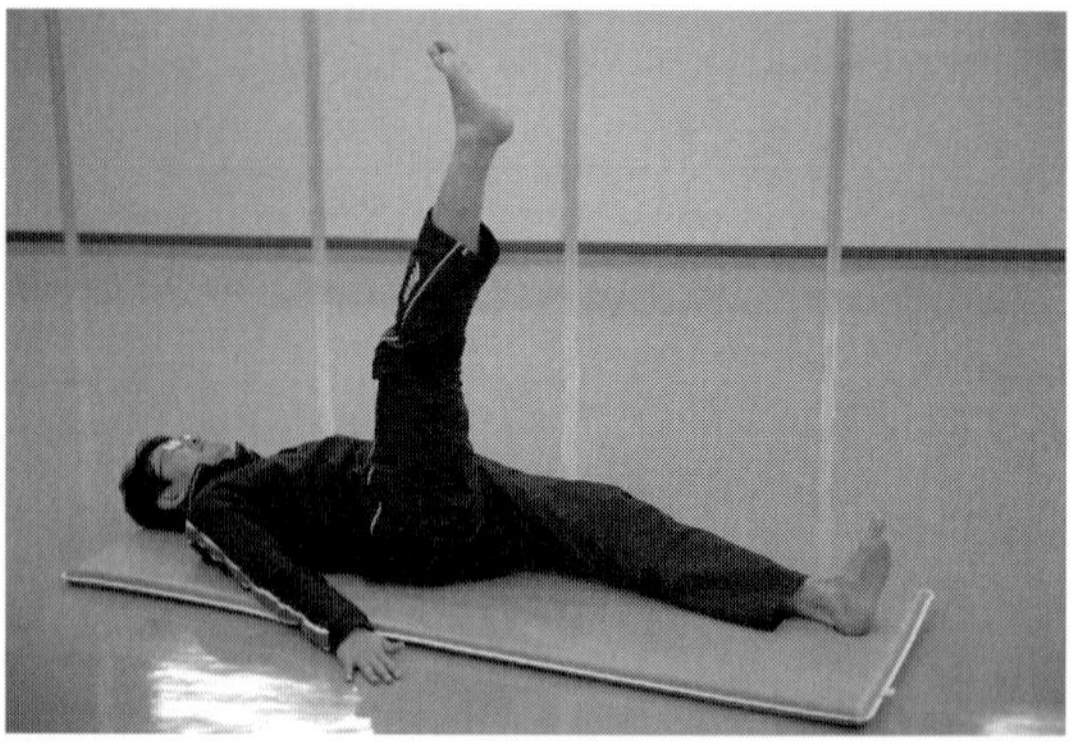

股関節強化１

仰向けになり、膝を伸ばしながら片方の脚をゆっくりと持ち上げ、そこからゆっくりと脚を下ろしていく。下ろした脚の踵は床につけない。５往復から８往復程度

股関節強化２

仰向けで脚を90度持ち上げたところから、脚を左右にゆっくりと上げ下げする

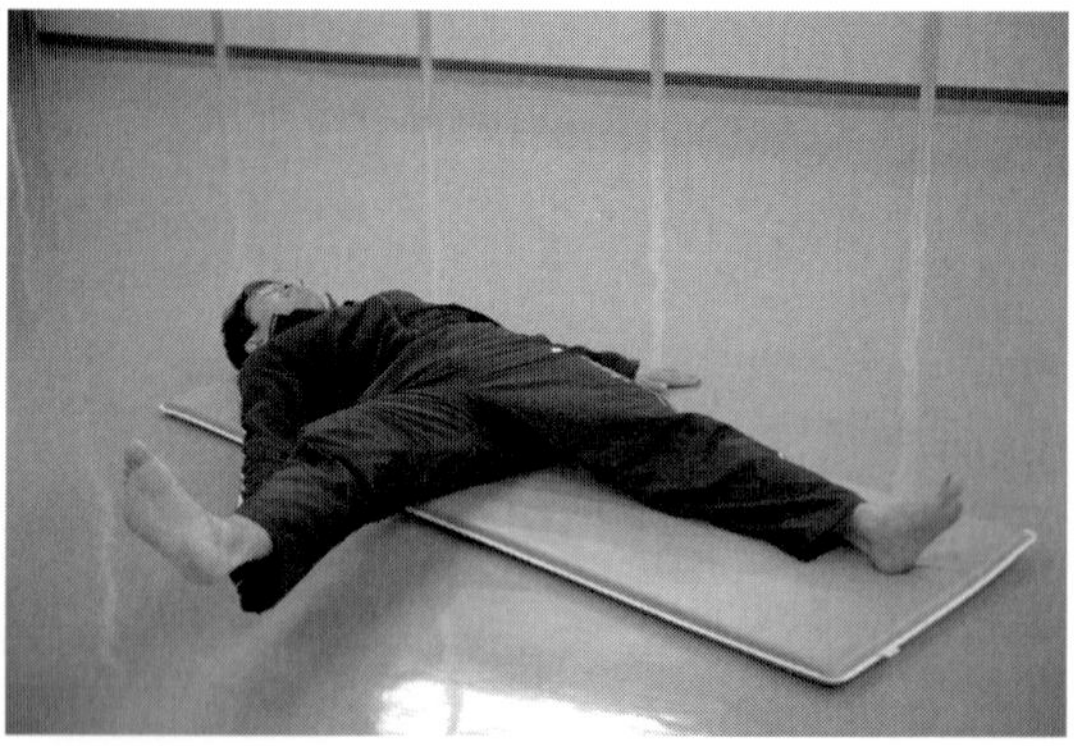

股関節強化３

仰向けで脚を床から少し上げ、その状態で脚を左右にゆっくりと閉じたり開いたりする

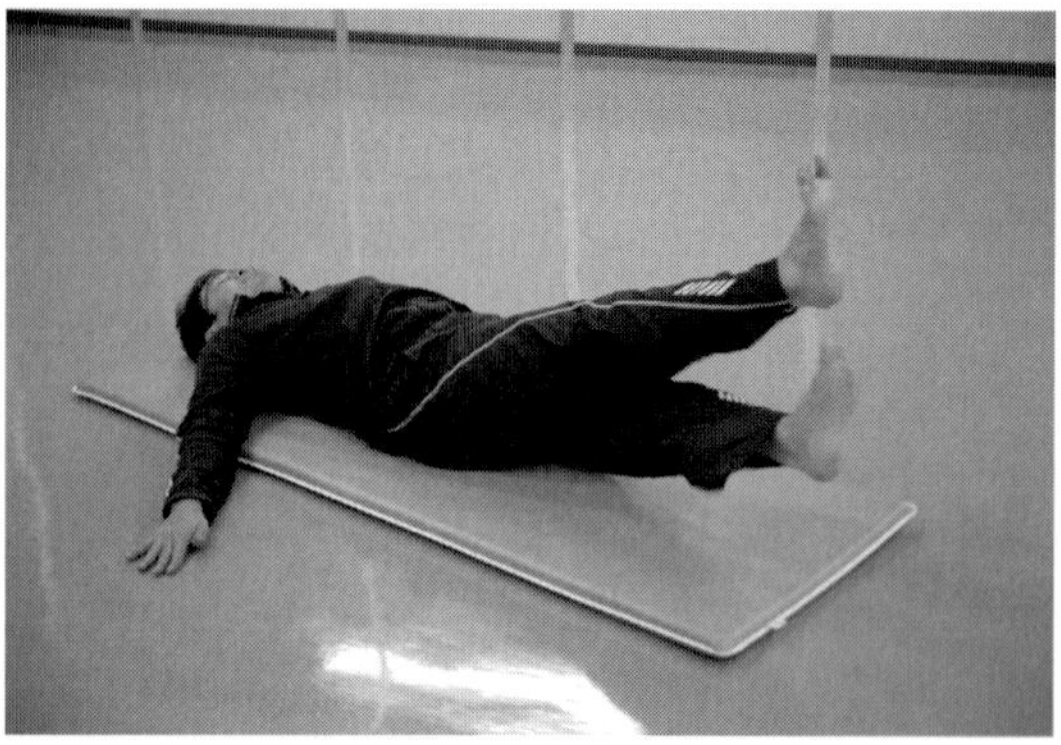

股関節連続交差

両脚を床から上げ、素早く脚を連続交差する

たたみ一畳篇　筋バランス系

横姿勢
体を横に倒し、肘と足で体を支える。体が前に倒れたり、曲がったりしないように注意する。10秒程度

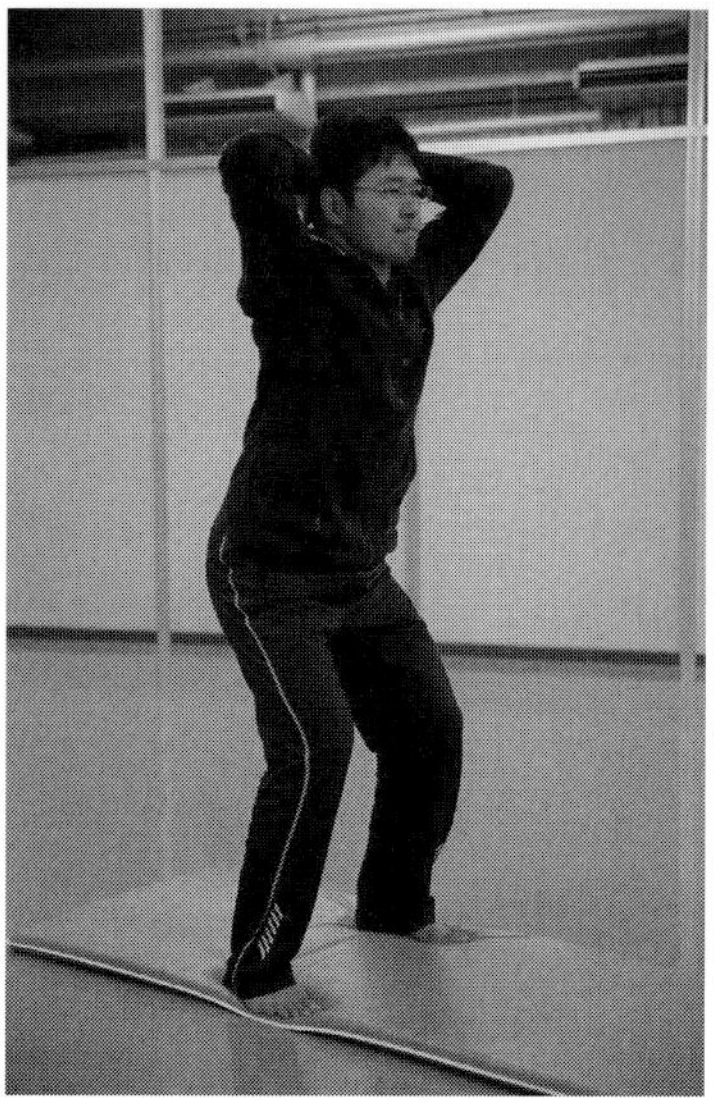

立位姿勢
頭の後ろで手を組み、頭は後ろ側に反らせる方向に、手は前に押す方向に力を入れる。目線は前にし、膝は軽く曲げ、背は丸めないようにする。5秒から10秒程度。頸部から背部の筋力と姿勢の安定性が強化される

肘立ち腕立て姿勢
両肘で体を支えるようにしてから、ゆっくりと片脚を上げる。体当たり姿勢が強化される。10秒程度

ランジ姿勢
前後に脚を開き、前脚は90度に曲げ、後脚の膝は床につけないようにしてバランスを保つ。上体が前屈みになったり、後ろに反らないようにする。打突姿勢の安定性が強化される。10秒程度

前後移動（両足）
目安となる線や棒などを利用し、両脚で前後に素早く移動する。１回で10往復程度

左右移動
両脚で左右に素早く移動する。１回で10往復程度

たたみ一畳篇　筋バランス系

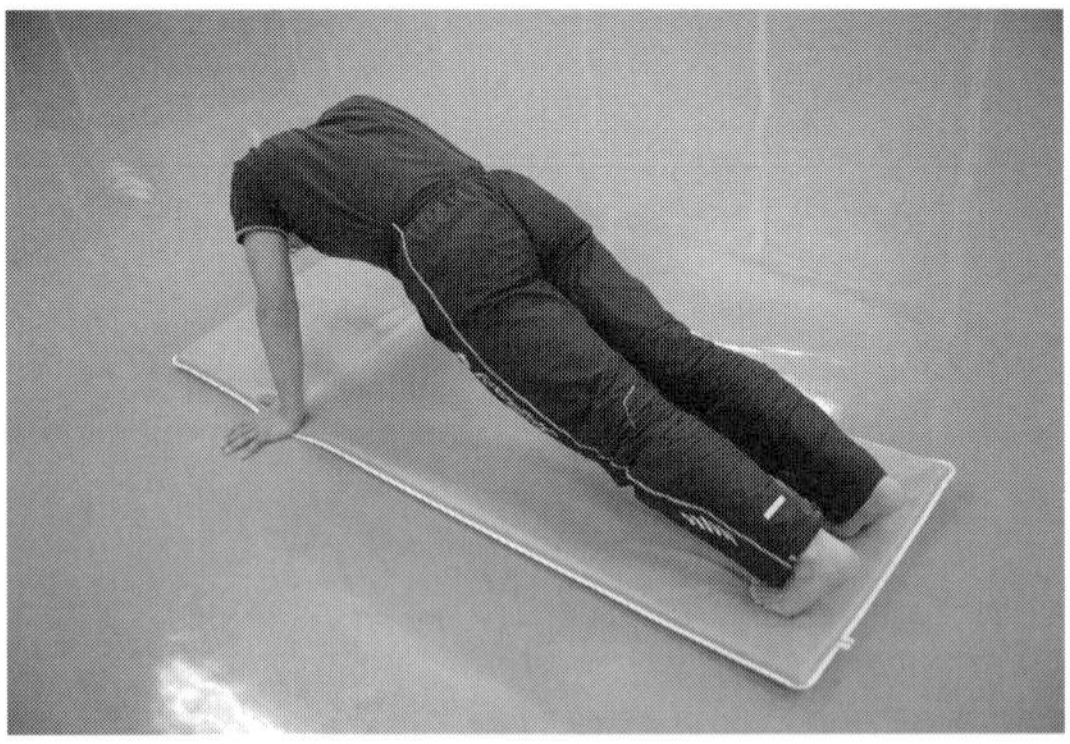

肩甲骨運動
腕立ての姿勢をとり、肘を曲げずに上体を上げ下げする（可動範囲が狭いので動き自体は小さい）

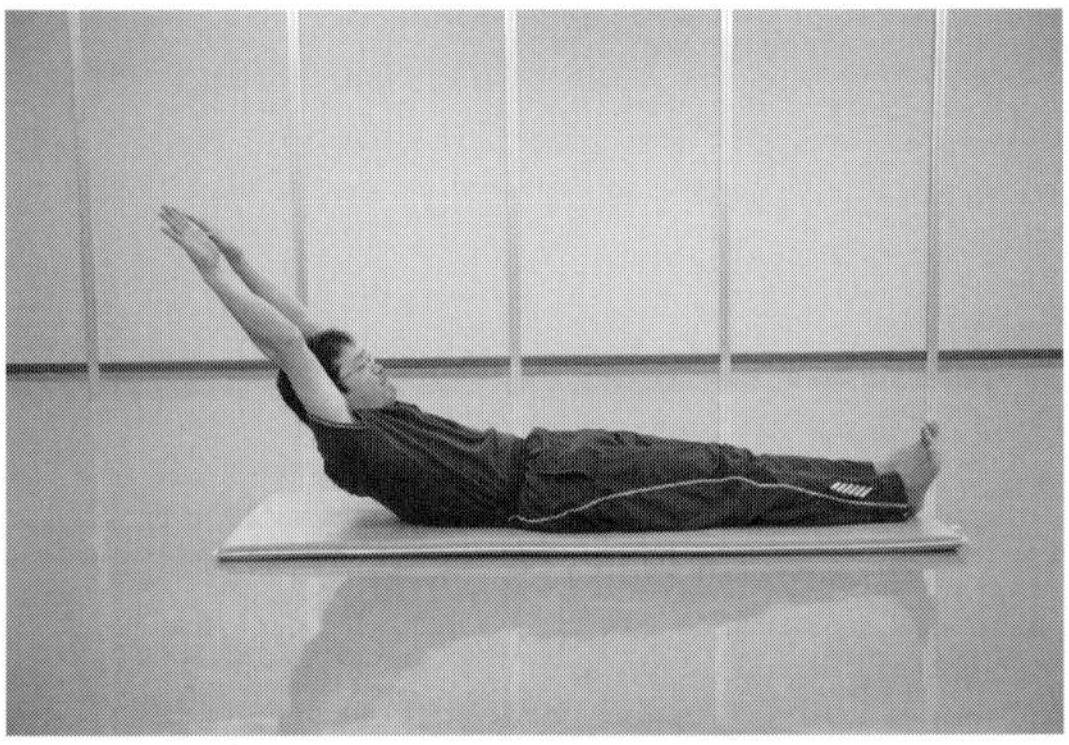

あおむけ腹筋
仰向けになり、両手を上げた状態でゆっくりと体を起こす。反対に上体を寝かせ、脚を持ち上げる方法も効果がある

打突姿勢づくり
片脚を90度に曲げ、両手でその膝を押す。もう一方の脚は伸ばした状態で、踵で体を持ち上げる（体は弓なりになる）。打突の姿勢が再現されている

公園篇　敏捷性系

前後移動（片足）

両足で交互に前後に素早くステップを踏む。１回で10往復程度

ツイスト移動

両足を同時に線の前後へと移動させる。１回で10往復程度

スイッチダッシュ

適当な間隔で目印（パイロンなど）を数個置き、目印でターンしながらその間をダッシュする。脚の切り返し動作が向上する

ダッシュ

踏み出す脚の膝は高く上げず、蹴り出す脚の踵も高く上げないようにしてダッシュする。股関節を素早く前後に交差させるイメージ。顔を上げて、脚をあげすぎない、体をねじらない

腕立てから姿勢づくり
腕立て伏せの肘を曲げた姿勢から、ダッシュする姿勢までを瞬時に行なう

ジグザグダッシュ
目印をジグザグに置き、ダッシュする。慣れたら目印を進む方向の逆の手でタッチしながらダッシュする

公園篇　ボール系

腕立てボール回し
腕立ての姿勢で、片手を使ってボールをもう一方の手の周りを回す

ボールキャッチ
ボールを後ろに投げ上げたあと、すぐにふりむきボールをワンバウンドでキャッチする。キャッチした瞬間は軽く膝を曲げて腰を落とした安定した姿勢を作る

ボールたたきつけジャンプ
高くジャンプし、着地と同時のタイミングでボールを両手で地面にたたきつけるように投げ下ろす

腹筋ボール回し
両脚を上げた姿勢で体の周りにボールを回す

職場篇　神経バランス系

片足バランススクワット
膝を軽く曲げてバランスをとりながら片足で立つ。膝関節付近の神経―筋の連動性、筋力向上の効果がある

つま先片足立ち
膝を軽く曲げて踵を上げ、つま先だけでバランスをとりながら片足で立つ。足関節付近の神経―筋の連動性、筋力向上の効果がある

膝マッサージ
両方の手のひらで膝を包むようにして、素早く膝表面をこする。稽古時に痛みを感じる場合は、勤務時間や稽古前に5分程度行なうと痛みの軽減や再発予防などの効果がある

両足ジャンプバランス
両足の踵を軽くあげた状態で、軽く前方向にジャンプし、踵は使わずつま先で着地する。着地後は膝を軽く曲げて腰を落とし、つま先だけでバランスをとる。後ろ方向へジャンプすると、バックステップの能力が向上する

飛行機バランス
片足で立ち、体を前に倒す。もう一方の足はまっすぐに後ろに伸ばし、その姿勢でバランスを保つ。股関節付近の神経―筋の連動性、筋力向上の効果がある

職場篇　神経バランス系

片足ジャンプバランス

片足の踵を軽くあげた状態で、軽く前方向にジャンプし、踵は使わずつま先で着地する。着地後は膝を軽く曲げて腰を落とし、つま先だけでバランスをとる

大の字バランス

片足で立ち、腕を横にまっすぐ広げ、体を横に倒していく。その姿勢でバランスを保つ。股関節付近の神経—筋の連動性、筋力向上の効果がある

職場篇　筋トレ系

足開き

手で膝を外側から押さえた状態から、膝を外に開く。手は開こうとする膝を抑える。股関節の筋力アップに効果がある

ボールはさみ

ボールや座布団などを用意し、椅子に腰掛けた状態で膝でそれを強くはさむ。１回10秒程度で数回行なう。股関節の筋力アップに効果がある

タオルギャザー

椅子に腰掛け、足の下にタオルや手ぬぐいを敷く。つま先を使ってタオルをたぐり寄せていく。足底の筋力と神経—筋の連動性が向上する。アキレス腱障害や捻挫の予防効果がある。アキレス腱断裂後のリハビリメニューでもある

職場篇　神経バランス系

タオルツイスト
タオルを縦方向にして持ち、ぞうきんをしぼるように力を入れる。上腕の筋力強化に効果がある。１回10秒程度で数回行なう

クォードセット
膝を伸ばした状態で足首を背屈し、膝上内側の筋に力をいれる。膝の安定性が向上する。１回10秒程度で数回行なう

下腿の内旋
椅子に腰掛けた状態で脚を持ち上げ、机の足などに足の母指付近を押しつける。１回10秒程度で数回行なう

椅子腹筋
椅子に浅く腰掛け、脚を伸ばす。手を頭の後ろで組み、その姿勢からへそを覗くように腹筋を縮める。１回10秒程度で数回行なう

タオル握り
タオルを小さくまとめ、手で強く握りしめる。１回10秒程度で数回行なう

ミッション10 オリンピック選手の調整法を審査に応用する

コンディショニングのコツは上げることより崩さないこと

昇段審査会や試合など、そのタイミングで最高のパフォーマンスを発揮するためのコンディションづくりの方法は、大きく分けて二つ考えることができます。一つは「コンディションを上げる」という考え方、もう一つは「コンディションを崩さない」という考え方です。

まず、コンディションを上げる方法を考えてみてください。稽古量を増やすこと、素振りを多くすること、筋力トレーニングを取り入れること……。これらはコンディションを上げる方法として重要ですが、やり方によっては疲労やケガでコンディションが下がる可能性もありそうです。実はコンディションを上げるというのは大変難しく、コンディションを上げようとした場合は、下がることを前提にしていなければなりません。

一方の、コンディションを崩さない方法を考えてみます。風邪をひかないようにする、疲れが残らないように休息をとる、食事の内容を工夫する、ケガの防止にストレッチングをするなど、具体的な対策を挙げていくことができます。

当然、稽古をきちんと行なっていることが前提となりますが、稽古と稽古の間、いわゆる間稽古を重視する方法がコンディションを崩さない方法に相当します。コンディショニングのコツは、コンディションを崩さないためにはどうすればよいかという観点で考えることです。コンディションを崩さないようにすることが、結果としてコンディションを上げることにつながっていくという考え方です。

現地情報を収集 心の不安を取り除こう

長時間移動 移動でコンディションは崩れる

図は、釜山アジア大会（２００２年）に出場した日本代表選手に対するアンケートで、長時間の移動がコンディションに影響を与えたか否かの調査です（国立スポーツ科学センター調査）。移動でコンディションを崩したと答えた選手が26・８パーセントにのぼり、そのうち、それが試合に影響を及ぼしたと答えた選手が31・９パーセントでした。慎重にコンディショニングを進めているはずの日本代表選手でさえ、移動でコンディションを崩すことが少なくないのです。

昇段審査会にも移動が伴います。五段までの昇段審査は各都道府県で行なわれますが、六段からの昇段審査は全国各地で受験をすることもあります。普段稽古しなれた会場ではなく、初めて訪れる会場になることがほとんどですから、普段通りのパフォーマンスを発揮するのは難しくなります。会場までの移動方法や審査会場の状況など事前に調べ、用意周到に準備を進めておくことが肝要です。

Q　それは試合に影響を及ぼしたか

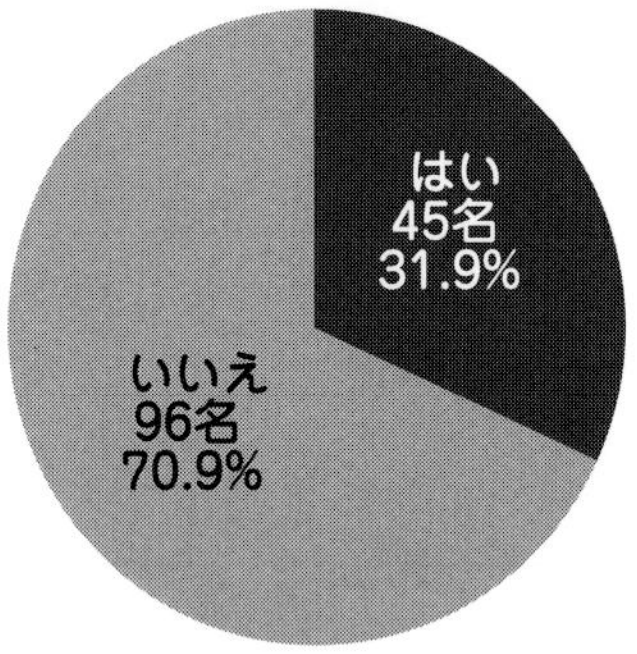

Q　長時間の移動中にコンディションを崩した経験はあるか

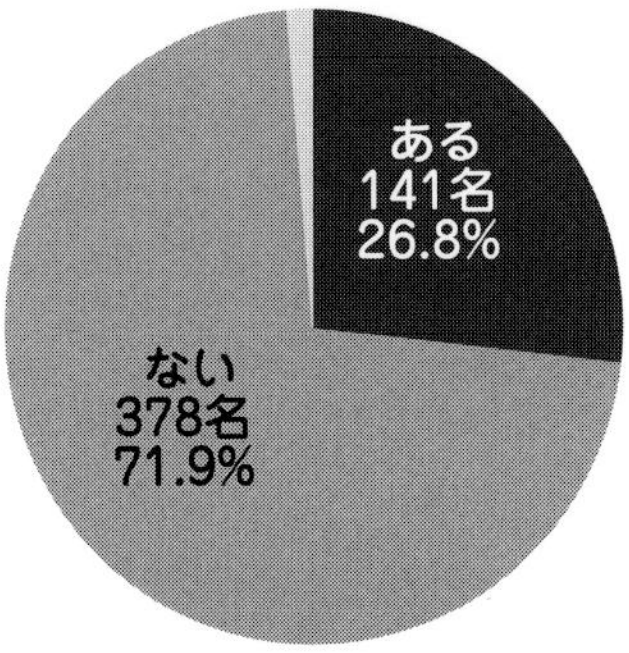

2002年アジア大会日本代表選手団対象アンケートより

交通・宿泊 余裕をもったスケジューリングを

剣道の場合、剣道具と竹刀を持参することになりますので、荷物が多くなります。普段の稽古では気にならないものの、何本も電車を乗り継ぐような会場で審査を行なう場合には、それ自体が大きなストレスになります。会場で剣道着に着替えようと服を脱いだ肩に、剣道具のかつぎ痕がついている受審者も珍しくありません。それも修行のうちととらえれば問題にはなりませんが、電車を乗り間違えたり、道を間違えたり、その結果、集合時間が迫ってきて慌ててしまったり……。こんなことまで修行する必要はないでしょう。

事前に交通ルートを確認し、交通の便を考慮した宿泊施設を予約し、電車の遅れも想定したスケジュールを立てておくことでコンディションが崩れることが避けられます。

審査会場
床の滑りを把握しておこう

会場の床の滑りがパフォーマンスを狂わす要因になる場合があります。いつもより滑る場合と滑らない場合がありますが、滑る場合のほうが影響は大きいようです。床の滑りは、重心のコントロールに影響を与えています。床が滑らなくなればなるほど、重心のコントロールは床の引っかかりを使った脚力に頼るようになります。逆に滑れば滑るほど、重心のコントロールは重さの移動になります。

スケートで例えると、スタートと滑走の違いに相当します。スタート時にはスケートのエッジ（刃）を立て、氷にエッジをひっかけるようにしながらダッシュします。一方、滑走では体や手を左右に揺らしながら、体の重さを使って移動しています。

剣道でも同様で、滑らない床で稽古をしていると床の引っかかりを利用する打突に滑る床であれば重さを移動するような打突が身につきやすくなります（剣道や古武術で理想とされているのは、後者の動きといわれています）。

普段、滑らない床を使って稽古をしている方は、滑る床で審査が行なわれた場合、蹴り脚が床に引っかかりにくくなるので、体の出が悪くなり、腰の入っていない手打ちのような打突になりがちです。滑る床で稽古をしている方は、床の引っかかりですり足がしにくくはなるかもしれませんが、打突にはさほど大きな影響はないようです。

床の滑りは、床表面の塗装によって違います。体育館として使用されている床には、わざわざ滑り止めのワックスを塗っているところもあります。あらかじめ審査会場として利用される施設の床がどのような状況なのかを調べ、それを想定した床で稽古をして体を慣らしておくことも大切です。

気候・天気
現地の気候・天気に注意を

八段審査は京都と東京、六段・七段審査は京都・東京・名古屋に加え、年度により九州・北海道など全国各地で行なわれています。全国各地から受審者が集まる審査会ですので、場合によっては出発地と審査会場の気温差が10度以上になることもあります。また、出発時は晴天でも審査会場は大雨という可能性もあります。出発前には現地の気候や天気を把握して、防寒や雨具などの準備も忘れないようにしましょう。

審査までの準備

体調を崩さないための3ヵ条

審査会が近づくにつれ、稽古にますます力が入ってくることと思います。そこでコンディションが崩れてしまっては、せっかくの努力も水の泡となってしまいます。コンディションを崩さないように以下の3点に注意をしてください。

風邪の予防
手洗い、うがいを欠かさない

たかが風邪と思うかもしれませんが、オリンピックのような国際競技大会でコンディションを崩すもっとも大きな要因が風邪です。風邪をひいていてメダルを逃した事例は数多く報告されています。

とくに剣道は相手と近距離で向かい合って声を出し合うために風邪などの感染症にかかりやすいと考えられます。稽古後のうがいは欠かさずに行ない、人ごみに入ったあとも必ずうがいと手洗いを実施するようにしましょう。

歯の治療
虫歯を甘く見てはいけない

歯はコンディションづくりに深く関係していることはあまり知られていないようです。歯の問題としては、おもに虫歯、歯周病、親知らずがあります。歯に問題がある場合のコンディションへの影響として、第一に満足に食事がとれないことが挙げられます。熱心に稽古をこなしても、バランスのとれた食事を効率よく吸収するためには、歯が良好な状態でなければなりません。また、剣道では力を入れる際に歯を食いしばることがあります。歯が悪いと食いしばる力が不足して、打突にも影響が出てきます。

審査会当日に歯に痛みがあるのはもってのほかですが、その前の稽古の質を高め、効果を上げるためには歯を大切にすることが重要です。

生活リズム
審査時刻を意識する工夫を

生体リズムの研究において、普段の活動時間にあわせて体温や血液症状、ホルモン分泌が変動し、体が活動時間に対して準備態勢をとることが知られています。審査会は午前に実技が行なわれることがほとんどだと思いますが、午前中にもっともよいパフォーマンスを発揮するためには、日頃からその時間に活動をするようにしてリズムを作っておく必要があります。

しかしながら、午前中は仕事の都合で運動できない方ばかりだと思います。その場合、少しでも活動リズムが作れるように、朝にジョギングや素振り、朝稽古をしたり、電車やバスを一駅前で降りて職場まで歩いたり、午前の休憩時間にストレッチングをするなど、ちょっとした工夫でも効果を上げることができます。

審査前日の準備
ここで失敗しないために…

審査前日のコンディショニングの失敗はもっとも後悔するところです。前日にコンディションを崩す要因は食事と飲酒です。

食事
食物繊維と油分に注意しよう

審査会は大会と違って、何試合も行なうものではありません。ですから、試合前のグリコーゲンローディングや、ビタミン摂取というような専門的なところまで気を使う必要はないでしょう。気にしなければならないのは、翌日に悪影響がでる可能性のある食材の摂取です。

悪影響がでる可能性のあるものとして、ガスがたまりやすいものがあります。食物繊維の多い野菜は腸内にガスがたまりやすいため、控えめにします。また、消化に時間のかかる油の多いメニューや、腹をこわす可能性のある生ものはとらないようにしたほうがよいでしょう。

飲み物も注意が必要です。お茶やコーヒーは覚醒効果もあることから良い場合もありますが、利尿作用が強いことも頭に入れておく必要があります。審査会でお茶を飲んでいると、肝心なときに尿意をもよおすことがあるので注意してとるようにしてください。

飲酒
楽しい飲酒も控えめに

審査会では、仲間と受験したり、旧友と出会ったりすることがあり、前日に盃を酌み交わしながら懇親を深めることがあります。前日の適度な飲酒は疲労回復効果がありますので、問題はありません。ただ、二日酔いになるような過度な飲酒は避けるべきでしょう。

日本酒3合、あるいはビール大瓶3本飲んだ場合、体内のアルコールが分解されるまで8時間はかかりますから、その程度の飲酒でもせめて0時前までには終えておく必要があります。二日酔いになると吐き気や頭痛はもちろん、自律神経のバランスが狂って動悸やめまい、不整脈が起こったり、心臓への負担が大きくなったりするため、激しい運動は禁止しなければならないことが知られています。過度の飲酒はコンディションを崩す大きな要因です。

審査当日の準備

過緊張はこうして回避する

審査会において、これまで稽古してきたことをしっかりと表現するためには、心と体の準備（ウォーミングアップ）が必要です。

心のアップ　すべてを受け入れよう

審査会でのパフォーマンスの発揮を阻害する大きな要因は「過緊張」でしょう。緊張を解くために深呼吸したり、目を閉じてみたりとさまざまな工夫をしてみてもなかなかうまくいかなかった経験をお持ちの方もいるのではないでしょうか。

ここでは考え方で過緊張を回避する方法を紹介します。まず、「緊張をすることは良いこと」だと考え方を改めてください。そもそも緊張というのは、「次に起こりうる事柄に対する心と体の準備」として、生体に備わっている機能です。緊張することによって集中力は高まり、心拍数と血圧が増加して次に想定される運動の準備が行なわれます。次に起こることを重要と意識しているほど緊張は高まりますから、それだけ「このことに懸けている」ということになります。ですから、緊張が高まってきたら「わたしは、審査会にこれだけ懸けているのだ」と第三者的に評価してよいわけです。

実は緊張が問題となるのは、過剰となる緊張＝過緊張です。過緊張となると、手は震えて冷や汗が出るようになり、不安となってパニックのような状況になります。これは避けなければなりません。緊張から過緊張になるプロセスには、緊張したところに予測できないことが起こった場合があります。審査をよい緊張状態で待っていたところに、自分の順番を勘違いしていて係員から呼び出された、相手が女性ということを知った、審査をみて集中するつもりが先輩と出会ってしまい話し込んでしまったなど、予測していなかったことが起こったときに、緊張が進んでしまうことがあります。甲子園やインターハイ初出場校が1回戦を勝てないのは、このことも原因の一つと思われます。何度か審査を受けているうちに、起こりうることが予測できるようにはなりますが、過緊張を避けるためのコツは「すべてを受け入れる」ことです。

要するに最後は開き直りです。係員に呼び出されるということは、審査の権利がまだあるということですし、女性であっても自分の剣道は変わるはずもなく、先輩に合ったことはむしろラッキーなことです。審査会では、緊張することは良いことであること、そして予測できないこともすべて受け入れることに考え方をシフトさせてください。

身体のアップ
自分のメニューを準備しよう

審査会場ではウォーミングアップの場所が確保されていないのが通常です。また、アップを行なうにしても、相手がいるわけでもありません。思い切った素振りを行なうスペースがないこともあります。その中でどんなアップをするのかを事前に想定し、実際の稽古でトライアルをして、あらかじめ自分自身で充分と感じられるアップのメニューを準備します。

禁忌事項は、ストレッチングのみのアップです。ストレッチングは、関節の可動域を広げ筋内の血流量を増大させることから、ウォーミングアップとしては欠かさずに行なうべきものですが、ストレッチングだけだとウォーミングアップの効果としてはマイナスとなることがあります。

ストレッチングにはリラックスの効果もあり、その場合、筋の緊張が解け、力が入りにくくなってしまいます。実際の研究においても、ストレッチング後の筋力測定において、ストレッチングをしない場合と比較して筋力が低下したことが報告されています。狭い空間でのウォーミングアップのため、ストレッチングのみで審査を受ける姿をみることがありますが、ストレッチングにプラスして、ジャンプをする、四股《しこ》を踏むような、反動をつけるような運動（動的ストレッチング）を行なうことすすめます。

今回紹介したコンディショニング方法は、実は「五輪の書」を参考にしています。五輪書といえば宮本武蔵が著したとされる伝書ですが、今回参考にしたのは㈶日本オリンピック委員会がアテネオリンピック前に日本代表チームに対して配布した「五輪の書」というコンディショニングの参考書で、選手の携帯用の小さな冊子です。冊子の名称の由来は、オリンピックマークの五輪をかけているだけでなく、生涯不敗の武芸者である宮本武蔵にあやかっているそうで、冊子も「地水火風空」の5章で構成されています。宮本武蔵の五輪書も現代でいえばコンディショニングのバイブル。昔も今も、武道でもスポーツでも、最高のパフォーマンスを発揮するためには間稽古であるコンディショニングは欠かせないのです。

あとがき

本書は月刊剣道時代に掲載された記事を一冊にまとめたものです。今回、記事にそくした映像を付録としましたが、こちらは新たに撮りおろしました。映像はすぐに取り組めるように器具を使わずにできる筋力トレーニングとストレッチングを選んでいます。

記事を投稿した当時を振り返ると、剣道は未熟、研究も未熟、人間的にも未熟（今でも未熟ですが……）な若輩者に誌面を提供してくれた剣道時代編集部の英断に心から感謝しつつも、恥ずかしげもなく剣道を語っていた自分に、今更ですが、赤面する思いです。そのような自分に対しても、温かいご指導やご助言を続けて下さった先生や先輩方には、心より感謝申し上げます。また、執筆させていただいた内容は、自らの剣道への取り組みも礎の一つになっています。その意味からも、私と剣を交えていただいたすべての剣士の皆様に心より御礼申し上げます。

本書は、剣道をスポーツ医・科学的視点を中心に解説し、剣道力が向上すると考えられるトレーニング方法を厳選して紹介しました。しかし、その解説の大本は、先達が日々の稽古の末にたどり着いた身体知という科学性であるということに間違いないと考えています。

剣道の講習会で、ある講師の先生が「理解・納得・体得・示範の順で物事は身についていく。今のあなたはどの状況にいますか？」と話をされました。その意味では、本書はいわば、示範の立場の剣道について科学的な手法で解説している作業をしただけであり、毎日竹刀を振る剣道家の身体知と先達の経験知に、便乗させていただいているだけに過ぎないと思います。

本書は、剣道をこよなく愛し、時間を見つけながら稽古に励む「仕事で忙しい人」に向けて、特に身体面について「理解」と「納得」をしていただくための情報を提供したつもりです。体得から示範に至る作業は、結局は稽古でしか得られないものですが、これまで登れなかった山も、ルートがみつかれば登頂できるように、本書を手に取っていただいた方の、剣道上達の一助になることを祈るばかりです。

平成二十七年二月

齋藤実

初出一覧

本書に収録した内容はいずれも「剣道時代」に掲載されたものを加筆したものです。
DVDに収録した映像は新たに撮りおろしたものです。

ミッション1　2011年3月号特集「暮らしの中で進化する」
ミッション2　2013年4月号特集「新開発高効率剣道トレーニング」
ミッション3　2009年6月号特別企画「剣道ウォーキングで差をつける」
ミッション4　2012年11月号特集「一流剣士は足で勝つ」
ミッション5　2010年3月号特集「生きた足さばきで勝つ」
ミッション6　2011年12月号特集「縁を切らずに勝つ」
ミッション7　2008年1月号特集「突破力」
ミッション8　2008年8月号特別企画「激辛暑中稽古法」
ミッション9　2008年3月号特集「冬場のストレッチ&簡単トレーニング」
ミッション10　2007年10月号特集「審査大全」

［著者略歴］
齋藤　実
さいとう・まこと／昭和45年静岡県生まれ。榛原高校から筑波大学に進み、筑波大学大学院修士課程修了。茨城県立医療大学理学療法学科助手、大妻女子大学人間生活科学研究所助手、国立スポーツ科学センター研究員を経て、現在専修大学経営学部教授（スポーツ医学概論、コンディショニングの科学、健康科学論などの授業を担当）。平成15年から全日本剣道連盟の強化訓練講習会でトレーニングコーチを務め、現在に至る。第12回、13回世界剣道選手権大会において日本代表チームにトレーニングコーチとして帯同。日本トレーニング指導者協会上級トレーニング指導者（JATI-AATI）、日本オリンピック委員会強化スタッフなど。剣道七段。専修大学剣道部部長。編著書「強くなるための剣道コンディショニング＆トレーニング」（小社刊）など、著書多数。

DVD付
仕事《しごと》で忙《いそが》しい人《ひと》のための剣道《けんどう》トレーニング

発　行――平成27年5月1日　初版第1刷発行
著　者――齋藤　実
発行者――橋本雄一
組　版――株式会社石山組版所
撮　影――徳江正之
DVD――株式会社メディア・ゲート・ジャパン
編　集――株式会社小林事務所
発行所――株式会社体育とスポーツ出版社
〒101-0054 東京都千代田区神田錦町1-13 宝栄錦町ビル3F
TEL 03-3291-0911
FAX 03-3293-7750
http://www.taiiku-sports.co.jp
印刷所――三美印刷株式会社

ISBN978-4-88458-294-4 C3075 Printed in Japan